U0111551

大展好書　好書大展
品嘗好書　冠群可期

武學釋典
35

蘇峰珍 著

談拳論功夫

大展出版社有限公司

序言

拳頭有百百種，功夫有萬萬項，

武學浩瀚無邊，不能盡學盡修。

僅能就我所學，形意八卦太極，

做一心得傳述，就教拳友方家，

期能拋磚引玉，是為所盼所願。

作者簡介

　　蘇峰珍，臺灣高雄鳳山人。自幼喜愛武術，學習形意、八卦、太極，歷三、四十年之久。三家拳中，獨對形意拳有特別的喜愛與鑽研，尤其對形意前賢的功夫及武德，更是極度的尊崇，以及作為學習的榜樣。

　　其著作有《太極拳行功心解詳解》、《內家拳武術探微》、《太極拳經論透視》、《內家拳引玉》、《拳理說與識者聽》、《二師兄論拳》、《談拳論功夫》等，均由大展出版社有限公司印行出版面市。

　　其中《太極拳行功心解詳解》及《內家拳武術探微》簡體版，已在中國大陸由人民體育出版社出版發行，為台灣武術文化在中國大陸佔得一個席位，也為台灣在武術界、文藝界、及出版界取到一份創作的榮譽佳績。

目 錄

第一章

椿之明暗、快慢與打法

關於「椿」的論述，在我的書中是常常論及的。練內家拳為什麼要特別強調與重視這個「椿」呢？因為這個「椿」是內家拳武術的最基本，不論是行功運氣打拳架或基本功，或練推手或發勁或實戰、格鬥，都會運用到這個「椿」的。

沒有這個「椿」為基礎的拳，就不是內家拳；沒有這個「椿」為基礎的拳，就是空心蘿蔔；沒有這個「椿」為基礎的拳，就是花拳繡腿；沒有這個「椿」為基礎的拳，就是挨打的拳；沒有這個「椿」為基礎的拳，都是鬼畫符。

太極拳經云：「其根在腳，發於腿，主宰於腰，形於手指；由腳而腿而腰，總須完整一氣。」

其根在腳，是在講什麼？它是在講運椿與打椿發勁的，練拳架或基本功都是要運椿的，由下盤的腳來運椿。但是如果沒有成就椿功，那麼這個腳就是空空洞洞的，這個腳就是虛而不沉的。

腳椿若是不能入地生根，盤踞紮實，就無法借地之力，無法力由地起，也無法借這個根軸暗椿的磨蹭旋轉而引生螺旋勁道，以及力學上的離心力，那麼這個拳架或基本功做起來，就是一個空中樓閣，不能練出氣感，也不能

成就內勁。

在發勁時，是要打樁的，沒有打樁就不能產生摺疊與反彈力道，這樣的發勁是不會脆厲與疾速的。

沒有成就樁功與打樁神技，都是不會發勁之人；靠著雙手奮力一推，即使把人推退十餘步，也都是屬於拙力的範疇，歸屬於不會發勁之流。

樁有明、暗之分。

什麼是**明樁**？譬如打形意的明勁，蹬步打樁，步伐要大，震地有聲，脆而響亮，耳朵可聽到打地的聲響，眼睛可看到腳樁蹬地的形像，這就是明樁。

為什麼形意初練要打明勁，打樁要打明樁。因為這是「外練筋骨皮」的一種另類的練法，也就是先「勞其筋骨」的一種鍛鍊方式，以符合孟子所說的「天將降大任於斯人也，必先苦其心志，勞其筋骨」之意。

古時候的練拳，要先外練筋骨皮，先做一些挑水、砍柴、負重等等的鍛鍊，使得筋骨、皮膚、肌肉等受到勞乏，一方面磨練身體，一方面磨練心志，要先透過這些淬煉之後，才會開始練拳。形意明勁之鍛鍊，就兼有這一層「勞其筋骨」的類似「外練筋骨皮」的一種另類練法。

形意的明勁、明樁之練習，一方面練腿力，鍛鍊下盤之腿肌及筋骨的耐力與韌性，更由於步伐的明快與大方的衝刺，而刺激心臟的活動力，與增進肺活量，這就是一種「勞其筋骨」的鍛鍊方法。

蹬步可以磨蹭腳底，刺激腳底神經的活躍，進而促使全身血液的通暢。

　　形意拳在技擊格鬥時，利用腳的蹬步震地，配合喉嚨的虎豹雷鳴之音，可令敵喪膽、驚悚、畏怯、恐慌，達到制敵的效果，這也是打明椿發聲的一種特效。

　　以**明椿蹬步**向前，可增進出拳的威力，也可使在出拳時而令手臂的筋脈同時被伸拔放長，讓筋脈充滿彈性與韌性，也可促進氣血的暢達與注入。

　　形意的明椿蹬步入手後，可以慢慢轉入或兼練暗椿，而做暗勁的練習，但這個時候並不代表明勁已然成就了，在暗勁的修煉當中，或在暗勁慢慢的累積了功體當中，明勁還是要常常練習的，即使在往後的修煉中，已經成就了內暗勁功體，還是要回過頭來練明勁的，因為當初所練的明勁，只是一個初胚，還未真正成型的，也就是說當初所練的明勁，都還在摸索的階段。所以不是說明勁初練以後，明勁的課程就算修完了學分，它只是修成學分中的百分之幾而已，因此，還是要回頭來把學分修滿。

　　什麼是**暗椿**？就是這個椿打下去，是聽不到聲響的，也看不到身體或腳有向下打椿的形景，因為表面外形看不到你在打椿，這個椿是暗藏於內的，所以稱之為「暗椿」。

　　那麼，暗椿是如何打的呢？用丹田氣打，心裡作意，丹田氣一盪，氣就直接竄入腳下，去震盪地層。

　　暗椿通常都是運用在形意的暗勁練習，打太極時，因為動作很慢，所以運的也是暗椿。但是如果椿功沒有成就，你打太極就不會運椿，腳底是空的，使出來的太極的慢，也是一種虛慢、假慢，不是透過運氣、運椿所呈現出

來的真慢，所以，太極的慢是有真慢與假慢之別的，也只有真正的練家子才能分辨這個真慢與假慢，外行的只是看熱鬧而已。

形意暗勁階段之練習，運的樁是暗樁，這個樁是深植地底的，是很深很沉的，所以在蹬步前進時，是極慢的，你要前進，好像有人拉著你、阻著你，不讓你前進一般，阻力是非常大的。但是就如同前面講的，你如果沒有成就樁功，那麼你所使出來的慢，就是一種假慢，不是樁功成就，運樁、入樁所呈顯出來的真慢。

形意明勁練習，要使快樁、明樁，樁步要明快豪邁，蹬地有力，划步疾速，要追風趕月，要有衝撞之勢。

暗勁練習，要使慢樁、暗樁，偷偷地運樁，二爭力要運出來，阻力要出來；蹬地入樁要緩緩的，慢慢的，不急不徐，悠哉閒哉的。

樁功成就了，才會有打樁這一回事兒，會打樁透過練習就會發勁，自然會用丹田氣去打樁發勁。

發勁的原理，是由丹田氣的鼓盪輸運，將氣藉由打樁而入於腳底，所產生的摺疊反彈爆破力，所以會發勁的人，只是一個作意，丹田氣一盪，樁一打而已。

打樁要有節拍，節拍有一拍打一個樁，有一拍打兩個樁，要看動作而變化。有時一個樁打下去，有二股或三股丹田氣的加壓運送，聽起來是很玄的。

還有一種叫「**預樁**」，前腳打了一個預備暗樁，這個樁並不是發勁的主力，它只是一個借勢來輔助後腳的正式打樁發勁。

　　椿功有成之後，入地有根時，才能稍知打椿竅門；打椿，純是意與氣之神妙運用，配合肢體勢力，謂之外形內意，形意拳練的就是這個。

　　椿功有了成就後，盤起拳架就會運椿，會利用腳椿的暗勁去運椿；會運椿後，透過練習就會打椿。學會打暗椿，才能達到「發勁人不知」的神明境界。

　　打椿與震腳是有別的，震腳是肌力，是拙力，打椿是意、氣、勁的結合。會打椿的人，腳是不必高舉，是不必震腳的。

　　其根在腳，這句話是指運椿與打椿的，發勁是「其根在腳」的，是要打椿的。

　　根據研究報告，振動能量可以產生電力；發勁藉由其根在腳的打椿，所以藉由打椿所產生的振動能量，當然可以產生電能，這是合乎科學邏輯的。

　　運椿、打椿這些名詞，是少人論說的，也少人說到**發勁須要打椿**，若是練拳不須運椿，若是發勁不須打椿，那麼，試問太極拳經所謂的「其根在腳」是在指說什麼呢？它當然是指運椿及打椿發勁而言的，這個發勁，是以丹田氣的鼓盪爆破，引氣入「其根在腳」的腳，去打椿所產生的反彈摺疊勁，由腳而腿而腰，形於手，這樣才能夠「完整一氣」的。由此可知，拳經所說的其根在腳，是在闡述練「體」的「運椿」與練「用」的「打椿」而言的，唯有**體用雙運**，上下相隨，內外相合才是真正的「完整一氣」，才是真正的「其根在腳」。

第二章

散練與專練

散練就是得空練一點，不是很專心一意的練，就像散步一般，散散慢慢懶懶的，不是很用功的，也不是很用心的。

那麼這樣的練拳方式，能否得益呢？

得益是有，但是很微少，這樣的散練，想成就功夫是比較困難的，而且時間會拖得很久很久，也因為拖延太久，而令人失去鬥志與長期的堅持力，終而半途而廢。

專練，每天都要撥出固定的時間，至少要練一個小時，能練兩小時更好。如能持續精進的練，而且方法練對了，一兩年內就能看到一些成果。如能遇上真正有實踐功夫的明師，他把走過的路徑直接的教授給你，幾年之內你就能成就內家功夫，不必苦熬十年。

練內家拳除了精勤的練習之外，還要靠腦筋去思維，老師教過的法，除了練，還要思，有練有思，不進步也難。

我常問學生，上課之外都練些什麼？有學生回答，就站站樁，我問：「站多久？」答曰：「五分鐘，或十分鐘」。

不論你是練站樁或是練拳架，或是基本功，一天練個五分鐘，十分鐘，於事無補，是無法成就功夫的；我也一

直勉勵學生，要勤練一些。

做老師的只能用鼓勵的方式去鼓舞學生，成不成就看他自己了。

專練的方式，譬如你是練形意的，那麼每次的練習，必定有二十分鐘的站樁。過來就是基本功的單練，就如本門的內勁單練法十式。不要瞧不起這十式，你如能認真的練這十式，肯定就能出功夫的。

基本功十式練完約三十分鐘，接下來就練母拳五形，劈、鑽、崩、炮、橫，五形初練要拆開來練，譬如劈拳要分拔、鑽、劈三個動作去練，這三個動作又可用前進與後退的蹬撐來練，又可配合步法的交換步來練。

這些拆練及單練，起碼要練半年，每天練兩小時。在定步單練當中，已然含攝了「試力」練習，也就是發勁動作的預練。此時內勁雖然尚未成就，但已事先兼練了試力發勁的動作。待功體成就時，自然就會發勁了。因為在練站樁中，已經預儲了樁體的基本，在發勁時自然會去配合打樁。

站樁、內勁單練法十式及五形拆練，練完約一至二小時。樁功有了基礎，每天還是要站。此時的站，已經知道方法，久站也不覺得苦或腿痠，有時越站越愛站，這表示樁功已經入手了。有時只是站一下下，就能得著樁功的好處，不必再苦苦的站，這時的站樁已經變成一種享受，一種安舒泰然的享受，一種氣暢體靜的享受了，到了這個地步，練拳就不苦了，也可說是苦盡甘來，要去享受成果了。

形意明勁打順了，椿入了地，也了知打椿訣竅，這時的蹬步，就不必那麼的費力與吃力了，丹田氣一鼓盪，氣就入了地，打下一個椿，就蹬步出去了，此時的蹬步，就比較順當，不會蹬起來氣喘吁吁了。

明勁五形，每天要練一個鐘頭，方法對頭了，一年後蹬步及出拳就有些模樣，但是這時候的內勁是還未成形的。內勁要成就，必須轉入暗勁的練習。

暗勁練習，要慢，要運丹田氣，打的椿是暗椿。此時的打椿，不必那麼大，那麼強烈，蹬步也不須很大步。

暗勁的練習是慢中有序，要慢而不滯，暗椿要打得很深很沉的，在打暗椿入地向前邁步時，阻力要很強烈的，你要蹬步前進，好像有人拉著你，阻著你，不讓你前進一般，這個阻力要靠自己去營造。

如果椿功有了基礎，這個暗椿就能踩的很踏實，很深沉，阻力會較明顯的感受出來。

形意暗勁練半年，就能感覺手的沉，此時內勁已然在慢慢的增長中，練的時間越多越久，內勁能量的聚斂就越厚實，就等待圓滿的收穫。

暗勁階段的練習，每天至少要練一小時，更要配合站椿與基本功十式的練習。如能持續每天按時操練，兩年就能成就形意的暗勁。

形意的暗勁成就後，是否就功課完畢？非也。你形意暗勁有成後，還要回頭來練明勁，因為當初所練的明勁，只是一個初胚、雛型而已，所以還得回頭來練明勁。

這時候的明勁才是真正的明勁，當初練的只是一個起

步的試練，還在摸索階段，不是正版的明勁，因為初練是難免會使上一些拙力的，所以不是很純正的明勁。

在形意暗勁真正有了一些基底，再回頭來練明勁，才能了然什麼才是真正的明勁。

明、暗之勁都掌握到了正確的練法，以後就靠你用時間去累積你的功體。

所以，要成就內家拳的功體，包括樁功、掤勁以及內勁等等，必須每天排定時間去專練，而且要持續不斷，方能有成。

在專練之餘，若有得空，可利用短暫的時間去散練，但是這個散練，並不是漫不經心的懶散練習，而是將學過的功夫，抽這個空檔來作短暫的複習。這樣來積累功體，而致功夫成片。

內家武術成就不易，必定得靠長時間的累積功體，所以，如果都是散練，或練一天，休息三天，那麼到了驢年，功夫還是沒有的。

- 能舉千斤之力，是為蠻力；
  能捧著空氣，而感覺如負千斤，謂之沉勁；
  沉入腳底，謂之千斤墜。
- 內家拳要練的是千斤墜地的沉勁，
  不是莽夫舉重的蠻力。

第三章

勁力的發動機在哪裡？

　　有師曰：「人體勁力的發動機在人體的腰胯上，丹田只是個表象。是由於腰胯的協調運動，同時把勁力傳向四肢，傳到腳下的勁力通過反作用力同時傳到手上而發出。而不是簡單蹬腳後發出來的勁力。這種訓練方式，我們有專門的視頻教學，教會愛好者如何能正確的發勁而不會起身。凡是錯誤的發勁方法一定會起身的。現代的傳播者為了增加太極拳的神秘感，達到吸引愛好者的目的，弄出來以丹田為核心，丹田內轉之類的噱頭來誤導那些不知情的初學者，其實所有的這些都是由於腰胯的協調運動而產生的附屬動作，因為愛好者看到的都是前面的表象。」

　　勁力的發動機在腰胯上是沒錯，但是這個腰胯不是純粹的侷限於體外的腰圍及胯部，它還涵蓋著體內的丹田氣的。要兩者的內外相合和，才能完整一氣的發出整勁來的；如果只靠外圍腰胯的協調運動把勁力傳向四肢，這只是種外力，雖然協調可以產生較佳的力道，但畢竟是有限的。

　　發勁「不起身」是對的，但是只有依靠丹田內轉的鼓盪作用去打樁，身體才不會虛浮起來，才能達到「不起身」的發勁效果。所以把丹田內轉或鼓盪的運作方式視為

一種噱頭，是不正確的說法。

　　發勁不僅要靠腰胯的協調，更要依靠丹田氣來打樁，這樣才能引生打樁所產生的摺疊反彈勁道，這樣才是真正的發勁。

　　所以說：「現代的傳播者為了增加太極拳的神秘感，達到吸引愛好者的目的，弄出來以丹田為核心，丹田內轉之類的噱頭來誤導那些不知情的初學者，其實所有的這些都是由於腰胯的協調運動而產生的附屬動作，因為愛好者看到的都是前面的表象。」這種說法是不正確的。

　　事實上，發勁的核心主軸是丹田氣，腰胯的協調運動才是丹田氣所產生的附屬動作，這篇文章的論述，倒因為果，把主、從顛倒，這才是所謂的「差之毫釐，謬以千里」。

　　以丹田氣的爆破配合打樁，自然會達到「不起身」的發勁效果，因為這個發勁，不光是靠身體的所有關節及腰胯的協調動作，它的主力部隊是丹田氣的鼓盪爆破力量。

　　拳經所謂的「主宰於腰」這個腰不是指肢體外圍的腰，而是指廣義的腹內的腰，是指腰圍內部的丹田氣而言的，這一點是必須詳細辨別的。若不詳辨，真的會落到「差之毫釐，謬以千里」的窘境。

- 沒有人能阻礙你練拳成就，
　　除非是你自己，不用功，不努力，不堅持。

第四章

身授與心受

　　教學拳術，非常重要的一點，就是老師教拳時候的口傳身授，以及學生學習時的心領神受，這個心領神受，我就簡單定名為「心受」。

　　我們讀書或學習一門功夫，或聽人講授一件事理，你尋著了那個竅門，就稱之為「心領神會」。

　　什麼是「口傳心授」？這是指老師的口頭傳授，學生內心領會。

　　什麼是「口授心傳」？透過老師的口頭講授，而學生能夠心領神會。

　　老師沒有口頭說明，也就是沒有透過「口傳」，學生卻能知道老師的意思，心裡已經領會了，就叫做「心領神會」，這樣的學生是有智慧的，是堪教的，也是比較能「學有所成」的，但是這樣的學生很難遇到。

　　言歸正傳，學習內家拳，靠的是師生間的互相默契，老師口頭說的，你必須要知道他所說的內涵及用意，要用心去領會、悟解。領，是接納、接受，正心誠意的去接納、接受，這樣老師所說的「法」，你才能了入心頭，你才能「受」用。

　　有些學生，對老師的言教，不是很認真的「聽」，這就叫「言者諄諄，聽者藐藐」，老師很用心的講解，學生

卻「聽者藐藐」毫不在乎或漫不經心，這樣老師的用心根本就是白費心力，徒勞無功。

這樣的學生，我遇過，練樁功，你教他腰胯要落插，他偏偏站的直直的，並且說：「這樣就好」，這樣的學生就是「不受教」，遇上這種學生，只能「徒乎奈何」。所以，不接受老師的言教，肯定是成就不了功夫的，因為你不「受教」，老師也就懶得教你了。

老師教拳，一定要口傳身授，口頭要講，身體要示範。口頭講的是什麼？要講拳理，講要領，講「眉角」，也就是「訣竅」。

口頭不能講得很明白的，就要加上身體的動作去示範；有些「眉角」、「訣竅」並不是口傳身授而能傳授明白的，這就得加上一些「特殊感覺教學法」的教學方式來輔導、啟發，讓學生用身體的觸覺去感受，這樣才是真正的「口傳身授」，而不光是嘴巴隨便講講，動作隨意示範一下就了事的。

學生還不全然瞭解之前，必得利用各種形容、譬喻以及示範，與特殊感覺教學法來授受，這樣才是一個「敬業」的老師，才是一個負責任的老師。你收了學生的學費，就要盡一份老師職責與義務，否則這個學費收起來是昧著良心的。老師肯敬業而負責的教學，收取適當的學費，也是理所當然的。（註：特殊感覺教學法請參酌拙作《拳理說與識者聽》第53章一文）。

老師的口傳身授，學生要用心去領受，也就是正心誠意的去「心領」、用心的去接納、領受，而真正的得到

「受用」，也就是說，你誠懇的領受老師的教法，而且得到這個教法的利益與用處，也就是得到「受益」的意思。

所以，老師的講授身授，與學生的接納、領受，是一種相互的關聯關係，師生兩者，都離不開一個「誠」字。師生要有這樣的默契，才能教學互利，互相成長，互相進步。

• 將腮幫子鼓起來，左右上下滾動，
  好像漱口的樣子，漱幾下津液就生出來了。
• 記得往下吞，這可是金丹玉液喔！
  在口渴沒水喝的情況下，何妨一試。

發勁還須蓄勁否？

　　發勁時，是否還須透過一個蓄勁的程序，是值得被探討的課題。

　　一般人受到太極拳行功心解所云的：「蓄勁如開弓，發勁如放箭。」這句話而自引生的誤解，所以往往誤認發勁之前是要蓄勁的，因此，很多太極拳「大師」在示範太極發勁時，也都是蓄滿勁而後才發勁的。

　　事實上，發勁是剎那間的事，只是一個「作意」，腦筋剎那間閃過一個念頭，那個「勁」已經和「意」同時的崩爆而出，是無預警的，是無預備動作的，就如同炸彈爆炸一般的快疾。

　　會發勁的人，是用神意發勁，不是用拙力。如果發勁還要在那邊蓄勁、蓄力，就會慢了半拍，而為對手所識、所制。

　　真正的發勁，只是一個「作意」而已，念頭乍現，勁已崩出，所以，發勁是一種突發現象，不會有「蓄而後發」的狀況，也就是說**發勁是不必透過「蓄勁」這個階段**的，若還要「蓄而後發」，將會顯露自己的形跡，讓人有跡可尋了。

　　拳諺云：「出手不見手，見手不為精」，又說「天下武功，唯快不破」。發勁就是一種「唯快」，發勁是「出

手不見手」，如果還要在那邊裝模作樣的搞一些蓄勁動作，然後使盡吃奶之力的「蓄而後發」，這都不是真正的發勁，都是屬於不會發勁之人，因為它是多多少少都含有「拙力」的成分在內的。

「出手不見手，見手不能走」。這句話是形容出手發勁速度的疾快，快到看不見出手影子，當你看到他的手影時，已經被打到了，想要逃走也走不了了。

發勁，靠的是丹田氣的引爆及同時同步的打樁神技所引生的彈抖之勁，是一種氣貫周身的震身法，是一種高層次的功夫。

這個「打樁神技」建立於樁功的成就，而且還要會打「暗樁」。

何謂「暗樁」？那個樁打下去是無形無相的，從外形上看不到有打樁的動作、態勢與跡象，純是一個作意，配合丹田氣，那個樁已經打下。

這樁打下去，會產生反作力，及摺疊勁，這個樁打下去，還得有二爭力暗勁的配合所引生的腰胯之彈抖，去牽動手的出拳，這樣才能「出手不見手」。

有了二爭力的牽引，以及樁功的的穩固，才有腰胯「蒼龍抖甲」的彈抖，才能有「出手不見手」甚深功夫。

既然說發勁不須「蓄而後發」，那麼，行功心解為何會說「蓄勁如開弓，發勁如放箭」呢？

如果能去深思，當可明白行功心解這句「蓄勁如開弓，發勁如放箭」它是分句、分開而敘的，它不是一個相連的結構語體。

　　蓄勁是練「體」，發勁是一種「用」法，雖說「體」、「用」必須並練，但它們的作用與功效畢竟是有所區別的。

　　先來談「蓄勁如開弓」。

　　開弓，是需要蓄勁的，這個蓄勁是一個內力的儲備與醞釀，透過這個「蓄」把內勁引生出來，把這個弓拉張開來。

　　蓄，是一個儲存，一個積聚，就像蓄水，一點一滴，慢慢的積蓄，就會形成一個水庫，可以用來發電或灌溉。

　　我們存錢，就是一種蓄，是一個儲蓄，是一種「零存整付」，你一個月存五千、一萬的，一年後，十年後，就有好幾萬，或幾百萬，這是儲蓄的功用，有了這些錢，你就可以拿來買房子，買車子。

　　同樣的，你練拳，透過站樁、基本功、盤拳等等的長期修煉，積蓄了飽滿圓實的丹田氣，經過斂氣成勁的修煉，又聚集了渾厚的內勁。

　　勁是蓄在哪裡？勁是蓄在丹田，所以稱之為「丹田勁」；勁也可以蓄在腳底，準備打樁用；勁也可以蓄在手臂裡，成為一個掤勁。

　　當氣、勁已然有成時，你在盤拳走架之時，才能體會什麼叫做「蓄勁如開弓」，你才知道如何去「運勁」。

　　「運勁」是慢而勻的，行功心解說：「運勁如抽絲」，所以，運勁是要慢而勻的，快了就不是運勁。

　　運勁為何是慢的呢？

　　太極的慢或形意暗勁階段的慢，不是動作的故意放

緩，也不是時間的故意拖延。真正的慢，是你樁功成就了，在盤拳運樁時，「其根在腳」的暗樁會深植地底，會產生暗勁二爭力，由腳而腿而腰而手，一節牽動一節，節節貫穿而上，這個二爭力所營造出來的阻力是非常強烈的，所以動作就自然會慢下來；透過這個慢的運使，可增強氣的流行與勁的深化。

還有，利用「摺疊」原理使內氣產生加壓作用。在盤架之中，利用海浪原理，利用前浪與後浪的折衝原理，令各個關節之間的骨架，產生摺疊所形成的加壓作用，而增進內氣的流通與內勁的深化。

具備了這些要件，盤拳才能真正的慢，這個慢，才是真正的在運勁，才能真正的達到蓄勁的效果，也才有「運勁如百煉鋼，何堅不摧」的神效。

行功心解說：「曲中求直，蓄而後發。」這邊所說的「蓄而後發」並不是指發勁要先蓄而後再發的。這邊所說的「蓄而後發」是要與前頭那一句「曲中求直」併連而敘的。

什麼是「**曲中求直**」？我們打拳架，手臂是微曲的，但在微曲當中，內裡的筋脈骨膜等等卻是要伸展拔開的，是要伸筋拔骨的，所以在意念中，要將筋骨伸拔展放出去，也就是「求直」之意。

但這個「求直」並非要你將手臂伸的直直的，太直直的，就變成僵硬了，就變呆滯了。所以，這個「求直」是「似直非直」的；這個「曲」也是「似曲非曲」的，是要伸筋拔骨的，是要讓內氣挹注其中的，這是要特別分辨清

楚的，否則將會落到「差之毫釐，謬之千里」的窘境。

　　曲中求直所涵蘊的伸筋拔骨，可以使得筋骨得到真正的鬆開，讓內氣充填其內，注入其內，終而斂氣成勁，蓄而備用。

　　所以，曲中求直所涵蘊的目的是伸筋拔骨，伸筋拔骨之後，終而斂氣成勁，勁成之後，就是長期不斷的蓄積；有了內勁能量的蓄積，之後才能發勁，這個才是「蓄而後發」的真正意涵，要這樣來作解，意思才能通達。

　　所以，行功心解所謂的「**蓄勁如開弓**」，不是指「用法」，而是一個「**練法**」，是一個練功體之法，它不是「發勁」中的「用法」。

　　「**發勁如放箭**」，才是「**用法**」。發勁是疾速的，是「出手不見手」的，純是丹田氣配合打樁所引生的瞬間爆破，所以，發勁不須事先醞釀，也無須事先蓄勁的。

　　如何才能達到「發勁如放箭」的境地？

　　在內勁成就時，每天要去運勁、煉勁。運勁彷彿揉麵粉團一般，需要運到暗勁力道，與時間的磨練，二者兼到，粉團才會又Ｑ又具有彈力。

　　內勁生長時，要把它揉，把它搓，用時間去焠煉，這就是「運勁如百煉鋼」。內勁，經過千錘百煉之後，就能打脆勁，才能發勁如放箭。

　　因此，某些大師在網路播放的影音，他們所演示的發勁動作，很明顯的呈露了蓄勁的醞釀，發出來的勁也是緩慢而笨重的。這種發勁方式，在真正實戰時，是會處於敗勢的，這樣的發勁式樣，將會落到「先發後到」的窘境，

成為挨打的架勢。這些大師如果歷練過實戰場面，應該知道發勁不是那個樣兒的。

　　真正的發勁，是出手不見手的，是不須透過任何的醞釀與蓄勁的；會發勁的練家子，出手發勁，只是一個意動，只是一個作意，也唯有這樣，才能達到太極所謂的「後發先至」的甚深功夫境界。

　　•將太極拳所有的經論，
　　　都是祖師們修成正果後的結晶言論，
　　　如何理解前賢們的慧語，
　　　不是光從文字去琢磨，
　　　而是在深練之中去討消息，去求悟。

第六章

接地氣

　　「地氣」就是大地中之正氣，什麼是「接地氣」？大意是說宇宙大地之間富有廣大的能量氣息，如果能與之相接，便可成就事物的成長與茁壯。

　　「**接地氣**」語出《禮記・月令篇》：「孟春三月，天氣下降，地氣升騰；樹木接地氣，枝壯葉茂，參天挺拔；花草接地氣，蔥翠欲滴，爭相吐艷；莊稼接地氣，長勢喜人，豐收在望……。」

　　花草樹木要接地氣，人也需要接地氣，要吸取大地的正氣，排除邪氣，才能使身體健康，神氣煥發。

　　希臘神話故事中的巨人安泰，他力大無比，只要腳踏大地就無往不勝，他的對手赫拉克勒斯發現這個秘密，把安泰舉在半空中，因為無法腳接地氣就被殺了。這個故事，在闡述接地氣的重要。

　　這是狹義的說法，現在人把「接地氣」引申為做人處事的圓融，得著天時、地利與人和，謂之「接地氣」。

　　好，言歸正傳，我們練拳與「接地氣」有無關聯？當然是有的。

　　現代的人身體不好，都是因為缺氧、缺氣的關係，而且受到各類電器中電磁波的干擾，使得我們身體內的電能、磁場，產生不良的影響，因此疾病叢生。

明朝太醫劉純在《短命條辯》裡說：「病家不接地氣，故陰陽不通。」因此囑咐病家每日赤腳走路半個時辰，就可解決身體的症狀。

我們打拳，赤腳踩地，可以吸地氣，也可讓腳掌得到舒放。現在的人，總是鞋不離腳，運動、爬山、打球，都是鞋綁腳的，我們的腳丫子每天都在受虐待，無法呼吸空氣，無法接到地氣，毛病就來了，不是香港腳就是皮膚過敏，不然就是血液不通，循環不良，長此以往，疾病就生出來了。

赤腳打拳是非常舒服的，這才是腳真正的放鬆。練太極的人常常說要鬆、要鬆、要鬆，請問你的腳鬆了沒有？鞋帶綁得緊緊的，它能鬆嗎？血液都流不順暢，如何能鬆呢？所以，你如果是一個人打拳，何妨脫下鞋子，擺脫一些束縛，讓腳板去吸收地氣，去迎接地氣。

我們可以靠著練拳中的行功運氣，來導正我們的電能、磁場，因此，「接地氣」就成為一項改變及達成健康的最佳藥方。

鄭曼青大師說：「吞天之氣，接地之力，壽人以柔。」天地有正氣，在宇宙之中，各個世界之內，天地之間，充滿著正氣。

孟子說：「吾善養吾浩然之氣。」公孫丑就問他：「什麼是浩然之氣？」

孟子說：「其為氣也，至大至剛，以直養而無害。」這個天地的浩然正氣是最巨大、最剛強的，是無所不在的，所以培養這個正氣，只有益處而無害處的。

　　文天祥的正氣歌說：「天地有正氣，雜然賦流行。」又說：「於人曰浩然，沛乎賽蒼冥。」這個正氣對人來說，就叫做浩然之氣，它是非常充沛的布滿於天地之中。

　　我們練拳、練站樁，無形中，也是在培養這個浩然之氣，這個浩然之氣圓滿壯擴了，生命就有了契機，精神才能提得起，內勁能量才能斂聚。所以，要常常去接地氣，採天地正氣，直養而無害。這也是鄭曼青大師所說的「吞天之氣」。

　　鄭曼青大師又說「接地之力」，這有兩個意思，第一就是接地氣，第二就是借接大地之力，簡單說，就是借力之意。

　　人的力量是有限的，只有借地力才能增加更強大的反作用力。我們練習推手或實戰，都要善用這個「接地之力」來增加發勁的力道，而不是用拙力、用吃奶之力在那邊推人或打人。

　　大地充滿著能量，振動土地可以產生巨大的動能，這已被科學家所證實。根據科學研究報告，在柏油路內埋設微型壓電晶體，利用車子的重量和移動速度所造成的振動，可以轉換成電力，每一公里長的馬路，每小時可產生500kW 的電力，足供 800 戶家庭使用。

　　高速公路汽車跑過的振動能量，可以產生 4GW 的電力。

　　大地可以變成行動發電廠，日本開發了一種發電地板，人在上面走動，可產生 0.3W 的電力。日本在東京車站試驗發電地板，利用乘客走動時產生的振動能量來發

電，每天可產生 1,400kW 的電力。

由此觀之，振動是可以產生電能的。因此，太極或內家拳的發勁，是可以藉由打樁所產生的摺疊反彈振動能量，而強壯打擊爆破力道，這是可以被實證，而不再被視為神話的。

電能包括水能（水力）、熱能（火力）、風能（風力）、光能（太陽能）、原子能（核能）等等。

還有一種就是動能，物體因為運動而產生的能量，稱之為動能，例如，水的流動、車子的奔馳、以及走路跑步，或物體的落地等都具有動能。

這些能量，可以互相轉換，例如熱能、光能、動能可以轉換成電能；電能也可以轉換成熱能、光能、動能等等。

所以，打樁發勁所產生的動能，也可以轉換成無形的電能。這個無形的電能，可以透過「能量互相轉換」的邏輯而得到證明的。

內勁成就者的發勁打樁，藉由丹田氣的凝聚以及鼓盪所產生的動能，去振動地表所產生的無形電能，是巨大而疾速的，所以被內勁成就者的無形電能打著，就會像炸彈的爆破一般被震飛出去。

發勁打樁必得先「養吾浩然之氣」，待正氣飽滿圓實，那個樁打下去，才可以產生振動能量，產生電能。

真正的發勁，不是用拙力把人推出去，不是用盡吃奶力把人推出去，而是依藉丹田之氣，配合打樁振動能量所引生的無形電能，瞬間將人彈出，才是真正的發勁。

　　練太極內家，首重練氣，要會善用大地所賦予的浩然之氣，正心誠意的去採集它，去接待它，長此以往，我們體內就能擁有充沛的正氣，練拳的行功運氣，就是在運這個正氣，你接納了天地的正氣，正規的運使，必然能成就太極內家功夫；若是滿身邪氣，練出來的也是邪拳，依據「邪不勝正」的道理，邪拳、邪行永遠不能立於天地間的。

　　練拳，要接地氣，也要培養浩然正氣。

- 丹田是聚氣練丹的一塊田地，
  所以謂之丹田。
- 丹田是一個氣囊，
  因煉聚而有不同的體積與圓實。
- 丹田像一個鼓風機，能將氣運輸到全身，
  謂之氣遍周身。

第七章

太極之根

太極之根，到底在哪裡？人言言殊，見仁見智，有師主張：「太極練的是混元一氣，練的是一氣流行，所以，不能在腳下練，也不在手上練，而是要練丹田內氣。手和腳是身體的末梢，太極拳練習的是丹田氣，因此，太極拳的根不在手腳，而是在丹田。」

有師主張：「宇宙是旋轉的，其中的中極就是太極，這裡是陰陽兩種能量，或者說是兩種宇宙場的交匯之處，這個交匯處就是太極。人體猶如宇宙，是宇宙的體現，人體的腰腹是太極的根，從這裡延展，腿和手臂就是末梢。」

有師說：「練習太極拳不是姿勢越低功夫越好，也不是只有重心下墜，而是要把身體練圓了，所以，沉著之後還要有輕靈。只有下墜，那叫沉滯，沉滯不是太極拳追求的境界，輕靈圓活才是太極拳追求的境界。所以其根在腳只是發力瞬間的狀態，不是常態。太極拳的根應該在丹田。」

我們來回顧太極拳經的說法。拳經說：「其根在腳，

發於腿，主宰於腰，形於手指。由腳而腿而腰，總須完整
一氣。」在這邊，拳經已經明白的告訴我們，這個太極
的根，是分兩個部分的，一個是其根在腳的「腳」，一個
是主宰於腰的「腰」，這個腰是指腰內的「丹田氣」而言
的，怎麼如此決斷而言呢？因為拳經後句有說到「總須完
整一氣」，這個「完整一氣」當然是指丹田氣配合形體之
完整而言的。

　　因此，若要詳解太極之根，它是涵蓋內外兩個層面
的，是要內外合一的，這樣才能圓融太極之根的說法；若
偏於內或偏於外，都是有所缺憾的。

　　從外在的肢體而言，其根在腳是正確的，因為唯有其
根在腳，才能借地之力，螺旋而上的形之於手，這個腳的
暗樁，入了地，才有摺疊反彈之力的引生，這樣，不論是
運氣或施勁，才能由腳而腿而腰的形於手。

　　於內而言，腳下的運樁或打樁發勁，是需要藉助丹田
氣的挹注的，若無丹田氣的引入腳底，那個樁打下去，將
是一個不具威力的空包彈，是無法發人的。

　　故而，**太極之根**，不單獨在內，也不單獨在外，要內
外相合，上下相隨，要其根在腳，也要主宰於腰，更要完
整一氣，才是圓融的太極之根。

　　所以，練太極，要在手上練，要在腳底下練，更要在
丹田練。

　　手上練的是掤勁，盤拳伸枝要將筋骨拉拔開來，讓內
氣注入，而成就筋的彈抖內勁。掤勁成就了，發勁時才有
彈抖之樣，否則都是在拙力範疇。

　　腳底練的是樁，無樁不成拳，沒有樁功基礎的拳，是一個挨打的拳，是一種花拳繡腿的拳。有了樁功為基底，才能運樁，才能練出內勁。會打樁，才能發勁；不會打樁而說會發勁都是騙人的。

　　練拳，無論是練體或練用，都是要運到丹田氣的，若沒有這個以腰為主宰的丹田氣之配合運作，那麼，這個拳，就是一個空拳，就是一個空架子，你辛辛苦苦的盤拳，都只是在做體操運動而已。

　　是故，太極之根，不侷限於丹田，不侷限於腳根，不侷限於手臂。上、中、下三盤皆有根，所有的根都完整一氣，才是正解。

・練拳當中一定會有疑問產生，
　若是一直沒有疑問，表示沒有認真練拳。
・有疑而不問，是自己閉塞不進，不能怪老師。
　俗云：「小疑小悟，大疑大悟，無疑不悟。」
　但這疑，是在練中生，非胡思亂想的生疑。

第八章

聞雞起武

聞雞起舞，這個典故在小學的課本就會讀到，它是描述晉朝祖逖的故事。

祖逖是一個胸懷大志，有遠大抱負的人，他小時候不太愛讀書，進入青年，意識到沒有知識是無法報效國家的，因此就發憤圖強，廣閱經書，研究歷史，學問深進，大家都認為祖逖是個能輔助帝王治國的人才。

後來祖逖和幼時的好友劉琨都擔任了大官。他與劉琨感情深厚，還有著共同的遠大理想。

一次，半夜裏祖逖聽到公雞的鳴叫聲，他叫醒劉琨對他說：「我們以後聽見雞叫就起床練劍如何？」劉琨欣然同意，於是他們每天聽到雞叫就起床練劍，從不間斷。

皇天不負苦心人，他們終於成為能文能武的全才，都能寫一手好文章，也能帶兵打勝仗。祖逖被封為鎮西將軍，劉琨做了都督，終於實現了他們文才武略的大志。

學武練拳，貴在不間斷，貴在堅持，祖逖每日聞雞起舞，恆而不斷，功夫終於有成。我們學練內家拳，也是如此，要日日鍛鍊，持續無間，方可成就。

現今之人，士農工商，各有職業工作，能夠每天持續練拳的，不會很多。不僅工作忙，應酬多，還要安排休閒玩樂，練拳的時間就被限縮了。

我們何妨學習祖逖的聞雞起舞方式，每是清晨起而練之。早上這一段時間，是最好的練拳時段，這個時段，不適合嬉玩，不適合應酬，這個時段也不須工作上班。這個時段空氣最清新，人車少，不會吵雜喧嘩，而且這個時段頭腦也最清明，正是練拳的最佳時段。

人們都是貪睡，不想早起，一賴床，就日曬屁股了，浪費了一天之中的大好時光，實在可惜。

做任何事情，都有一個習慣，這個習慣一旦養成了，它就會成為一個慣性，成為一個自然的習性。

這個習性，有好的與壞的。你每日賴床就是壞習性；你能每日聞雞起武，時間一到就起來練武，這就是好的習性。

聞雞叫，可能要在鄉間，都市比較聞不到雞叫。可以用鬧鐘代替雞叫，你如果有心練拳，你的生理時鐘到時自然會叫醒你，不必用到鬧鐘，而且是滿準的。

或許你會推拖說，這樣我睡眠會不足。但這不是理由，你可以提早睡，晚上十點就要上床，然後清晨五點起來練拳，這樣睡眠應該足夠了吧？

晚睡或熬夜，對身體是不好的，晚上超過11點才睡，對肝就會有不好的影響，我們的五臟，都有它們固定的作息時間，肝晚上11點就要休息了，如果你還在那邊泡茶聊天，看電視、打手機，或想東想西，想的越多，頭腦就越忙亂，就越睡不著，翻來覆去，終於挨到雞鳴，這時的精神是散漫的，是昏沉的，這時候你即使想打拳，也得不到效果的。

　　不反對你去遊山玩水，但是遊玩之間，清晨還是五點就要起身來練拳。若能這樣堅持不斷，功夫決定成就。

> ●丹田除了聚氣養丹，健康益壽，
> 　它有武術的技擊作用，
> 　拳家利用丹田氣的鼓盪爆破力，
> 　配合打樁的摺疊作用而發勁，
> 　產生不可思議的驚人摧毀力道。

第九章

打樁與丹田氣

我常對學員說，發勁要靠丹田氣去配合腳的打樁，並且做了示範，以為學員們都聽懂了。

某天我教他們「採法」的發勁打樁，我用手去摸學員們的丹田，才恍然知道他們都還沒有理解丹田氣如何運作。

我親自做一個打樁動作，教學員們用手按著我的丹田，我丹田氣一鼓盪，這個丹田氣囊迅速在瞬間抖動凝聚收縮，剎那間已同時、同步的放勁出去，學員們終於稍有些領會。

我教學員們自己練習，我用手按著他們的丹田，才知道他們還不會鼓盪丹田氣，也就是說他們還不會運用丹田氣去打樁。

他們的腳根雖然有向下打地樁，但丹田氣卻沒有挹注下去，丹田是不動的，是沒有運到氣的，也就是還不懂得運用丹田的鼓盪，把氣運送到腳根去。

我用手去觸動他們的丹田，在打樁時就去觸動他們的丹田，數次之後，在我的輕輕壓按之後，他們終於慢慢體會了丹田的鼓盪運作。

此時的樁打起來，意境就不同了。

發勁是要打樁的，高手打樁是打暗樁，看不到身形的

向下坐落，只是丹田氣一鼓而已，非常的玄妙的。

　　發勁若還要使盡吃奶之力，或雙手奮力一推，都還不是真正的發勁。

　　發勁要打樁這個論述，很少看到有人講，就當作是我個人的練拳心得，提供給大家做參考。

• 練拳先把心安住下來，
　讓心安靜平和，心平則氣順，
　這個心要正，意要誠；
　若心術不正，心有邪念，
　則氣也將淪為污濁，不會有正面效益。

第十章

近廟輕神

「近廟輕神」，又稱之為「近廟欺神」。

這是說，這個廟雖然很靈驗，但因為它就在你家旁邊，所以你就會輕忽它的存在，會忽視它的存在，不會覺得很珍貴，也不會去敬拜。

輕，是輕忽、輕視，或不重視之意。這廟雖然很神靈，但因為就在隔壁或就在附近，你天天與它會面，就不會感到稀奇，也不會對神明起敬畏之心。

「輕神」是小罪，你只是不重視這個神明，對這個神明沒有生起敬畏之心。

「欺神」就是大罪了，你心中鄙視這個神明，並且在動作及表情上，顯露了嗤之以鼻的顏色面相，或以言語批評妄言之，或擅自竊取廟物，或在廟內及周邊製造髒亂等等，都是屬於「欺神」的範圍。

這就像有些拳師，他是有實際功夫的，但他就住在你家鄰邊或近區，你就輕忽了這個師傅。

或者他長得並不是很魁武的身材，你也就看不起眼，不會想去跟他學拳，反而是住在遠區的人較為識人，願意千里來尋師。

這個明師若有真功夫，名氣也有一點，你卻起嫉妒之心，或自認功夫比他好，就一直想辦法來打擊他，這也算

是一種「近廟欺神」。

　　高手藏在台灣裡，但有人卻願花百萬元去對岸渡金拜師，是否頭殼有問題，還是染上了武術的另類虛榮呢？

- 形意的形是指所有的外在，意是指所有的內在；

　　形意是內外皆練，講求的是敏感，是觸而即應，隨感而發。

- 這個觸發，這個敏感，是突發，是自發，是乍然一現，

　　自不知其所以，也可說是神靈乍現。

- 形意主要是練神，練靈感。

第十一章

內家功夫在練些什麼？

內家功夫到底在練些什麼？總括而言，不離盤枝、落樁與丹田氣的修煉。

什麼是「**盤枝**」？我們先來把這個「盤」字，做一個大致的解析。

「盤」字，有旋空、旋轉、旋繞、打轉、逗留、留連、徘徊、迂迴、周旋及手舞足蹈等等意思。

譬如，老鷹在空中飛翔，就稱之為「盤旋」，它有旋空之意，或在空中旋繞、打轉、迂迴、周旋等之意。

所以，這個「盤」字，非常有意思，我們「打拳架」，就稱之為「盤拳」，站樁把手臂伸展出去，就稱之為「盤枝」。

「盤枝」的「枝」，是指手臂而言，就像一棵樹的「樹枝」。

「盤枝」的目的，是在練就手的「掤勁」，增加手臂筋經、脈膜、韌帶等等的彈性及機動性。所以，練內家功夫，「盤枝」是非常重要的。隨時隨處都要去「盤枝」的，站樁的時候要「盤枝」，打拳架的時候要「盤枝」，練一些基本功的時候也是要「盤枝」的。在等車、等人或看電視的時候，也可以「盤枝」來練掤勁。

在公共場所練「盤枝」時，不必把手臂提舉高高的；

手臂向下垂落，也是可以「盤枝」的，只要意在，只要手的筋有拉扯伸拔，同樣可以達到「盤枝」的效果。

這個「枝」盤久了，氣就斂入於筋脈之內，積久掤勁功夫就出來了，你要發勁，才有彈抖摺疊之樣態，若沒有這個掤勁的成就，那麼，那個發勁都還是囿限於拙力的範圍的。

「盤枝」為什麼可以成就掤勁呢？

因為「盤枝」時，要把我們的雙枝（兩隻手臂），盤旋在空中，讓它們逗留在空中，就如站樁時一般；或在空中盤旋、往復來回的旋轉、纏繞、迂迴，就像打拳架或某些基本功的修煉。

不論是定式的站樁盤枝，或動式的旋轉、纏繞、迂迴的拳架，都得要讓我們的雙枝（兩隻手臂）的筋脈骨膜伸展拉拔開來，使我們的丹田氣透過運轉、鼓盪、擠壓、驅使等運氣機制，而滲入於筋脈骨膜之中，斂氣成勁，終而成就太極八法中的「掤勁」。

還有，在盤拳架的來回的牽動中，雙枝的筋脈，在往復摺疊中，一會兒被伸拔拉長，一會兒被折返縮回壓擠，這就像另類的粉團的搓揉，也像鍛鐵的百煉成鋼；粉團揉久了，韌性、彈Q勁就出來了，掤勁也日益的積成了；生鐵在百折鍛打中，終而百煉成鋼，終而也成就了極堅剛的內勁。

再來，談到「落樁」。

大家都知道，樁功是武術的基礎，沒有樁功為基礎的武術，都是形意拳大師李存義先生所說的「挨打的拳」，

為什麼這麼說呢？

當年尚雲祥先生去會見李存義，李存義對尚雲祥說：「你打一套拳來看看。」尚雲祥打了一趟他所學的功力拳，虎虎生風，李存義說：「你練的是挨打的拳。」尚雲祥不信，出拳向李存義打了過去，李存義不招不架，一個跨步就把尚雲祥跨倒了。

這個跨步，是形意的特色，藉由打椿蹬步，向前一撞，不用出手，就能把人撞倒跌出；這個跨步，這個撞勁，靠的是形意的蹬步。

在形意的練習程序當中，站椿是必練的，過來就是蹬步練習，要把衝撞的勁道練出來。然而，這個蹬步的練習，必須在椿功稍有成就時，再來練這個蹬步，才會有好的效果。因為蹬步的練習，不是靠拙力去蹬，而是用腳椿入地的反彈回饋力道去蹬的。因此，腳椿的入地，氣的落沉，就變得非常的重要。

若沒有事先成就椿功的基礎，你去做蹬步練習，都只是在練腳的拙力而已，對於真正的蹬步及往後的撞勁是無補的，因為你的蹬步並不是用氣入於腳椿的內暗勁去使的，而是用了彎拙的肌力及骨頭的硬力去撐出來的。

所以，要成就形意的「硬打硬進無遮攔」的撞勁功夫，就是要練蹬步，而蹬步的前提要件就是氣的「入椿」。

尚雲祥為何被李存義一個跨步就跨倒了呢？因為李存義看出尚雲祥的功力拳，下盤是沒有根的，也就是說，尚雲祥打拳是沒有「入椿」與「落椿」的，也因為這個緣

故，李存義才會說：「你練的是挨打的拳。」

何謂「**入樁**」？丹田氣進入了腳根，謂之入樁。也就是說，藉由站樁的修煉，使得丹田氣落沉於腳根，讓這個沉斂的氣，入地生根，穩入地底，這也就是我常說的「氣要入樁，樁要入地」之意。我們練站樁，目的就是要令氣沉入於腳的樁根，而這個樁根，更要深植於地底，使之能穩固而屹立不搖。

樁基的功用，不只是在穩固下盤而已，如果它只有穩固下盤一個功用，那就會變成一個固定的死樁。樁的功用是活的，它不只有穩定作用，它還有活動及機動的功能，譬如蹬步的運作功能，以及「運樁」的功能。

什麼是「**運樁**」？藉由「其根在腳」的雙腳，去行使撐蹬的暗勁二爭力，前後、左右、上下、內外的互相撐蹬，而自我營造出重重疊疊的阻力與摺疊勁，這些都是屬於運樁的範疇。

譬如，我們盤拳走架，在前後、左右、上下的往復牽動之中，若沒有透過運樁去行使二爭力的互相撐蹬暗勁，就沒有阻力可資產生，也沒有摺疊的現象可資產生；沒有阻力產生及沒有摺疊的現象產生，這樣，體內的丹田氣，就無從轉運、鼓盪、驅策、加壓。氣不斂則勁不生，練拳無益，只是體操罷了。

運樁所營造出來的暗勁二爭力，可以強化上、中、下盤所連結的一條筋，也就是說貫串全身所互相連結的筋脈，受到運樁所營造出來的暗勁二爭力，在盤架的前後、左右、上下的往復牽動之中，去牽扯、伸展全身的筋脈，

令氣注入，而斂氣成勁。

如果沒有運用兩腳運樁的二爭力去營造重重疊疊的阻力，那麼體內的氣就無法被驅策壓擠推動，也沒有摺疊現象的產生，內勁就無從聚斂了。因此而說，兩腳的運樁是非常重要而不可忽視的。

二爭力除了前後、左右、上下的互相牽動，還有內外的互相牽動，丹田氣向外運行鼓盪時，受到外面空氣阻擾壓迫，產生了阻力，這個阻力的折返回饋力道，加深丹田的鼓運內勁，形成一股內外互抗的二爭力，這個層次是較為深奧的，也是行家所修煉的水準。

「落樁」就是樁功成就了，能以意導氣，將氣落沉於腳樁。

樁功成就時，不是要把樁定的死死的，如果是定的死死的，就是一種死樁。樁是拿來活用的，所以是一種活樁，不是一直定定的站死在那邊的，是要用時才落樁的。

盤架運功，要落樁，令氣沉入腳底，應用二爭力暗勁去運樁，這樣行拳走架才有氣感產生，才不會走空架，打空拳。

推手、格鬥更要落樁，利用打樁入地所引生的折回力道，回饋到雙手來，這樣才能發出疾速而磅礴的內勁。

再來說到「**丹田**」。丹田是修煉內家功夫，聚氣成丹的一塊田地，因為可以養氣成丹，所以就稱之為「丹田」。

事實上，「練氣成丹」只是一種假想，自古以來的練氣士、氣功師，一直求這個「丹」，想成仙，想長生

不死，但是卻沒人能成。佛家說「生、住、異、滅」、「成、住、壞、空」這個輪迴的定律，凡人無可跳脫，除非成佛了，才能「不生不滅」。生而為人，只求健康，不要為非作歹，生死有命，無須妄求。

　　丹，依字義，它是一個顆粒或丸散之類，是一種有形可見之物。古人煉丹，以銅、鉛、汞等物去燒煉，結成顆粒丸狀等，謂之「丹」，以此而求長生不死或成仙做神，然而，終不可得。

　　「丹田」有人把它定義為一個穴道，謂這個穴道在臍下一寸二分或一寸三分等等。有人把丹田分為上丹田、中丹田、下丹田，這不在本文討論之範圍。

　　我們練內家功夫，所稱的丹田通常是指下丹田而言，也就是在小腹這個部位。而我們所指的丹田，並不是侷限於一個穴位，所以，沒有臍下一寸二分或一寸三分等等的論說。

　　內家所謂的丹田，廣指小腹之周圍的圓體、圓球狀體。丹田是一個氣囊，像一個小氣球，這個氣囊，沒有固定的範圍，隨著各人丹田氣的飽滿程度，而有不同的區圍呈現，丹田氣越飽滿，這個氣囊就比較的大而圓實，反之，丹田氣不飽滿，這個氣囊就乾乾癟癟的，好像消風的氣球一般。

　　飽滿圓實的丹田，有彈性，可以抗打擊，它就像一層防護罩，有保護作用，因為有了氣的充填關係。

　　丹田不僅是聚集內氣的場所，也是行功運氣的樞紐，如果能夠善用丹田的鼓盪、驅策、加壓、摺疊等等的功

能，則有助於氣血的流暢、循環等健康效益，也能運用丹田氣的挹注打樁，達到發勁的最佳效果。

練內家功夫，視丹田為寶貝，因為丹田是養育及儲藏真氣的一塊田地，是煉氣成勁的一快塊寶地，也是發勁能量的來源。

發勁不是用雙手去推人，而是運用丹田氣瞬間爆發的能量配合打樁所產生的連鎖作用。所以，用雙手奮力、身體前傾的推人方式，不是真正的發勁，列屬拙力的範疇。

會發勁的人，只是一個作意，引動丹田氣，同時同步的將丹田氣注入腳根，打下暗樁，內勁已然疾速奔竄出去，是迅雷不及掩耳的，是沒有用到一絲拙力的，完全是丹田氣的作用。

丹田氣的養成積蓄，久而斂氣成勁；內勁的聚成，成就了發勁的效果，這相互間的因果關係，是連結不可分割的。

內家功體，歸根結底，就是這三部曲，這三部曲成就圓滿，才能用，才能打，才能實戰。這三個功體練成了，才算入了內家的門，否則都還在門外。

成就了這三部功體，再來求入門拜師，才有真正的意義。一般武家，往往都是先入門拜師，然後才開始教功夫，但很多事例，我們看到拜師入門後，功夫無成，中途退墮離去者，屢見不鮮；入門而成就功夫者，真是鳳毛麟角。

我的老師，入門的弟子有六、七十餘人，能堅持練下去而有成就者，屈指可數。這樣的入門就失去了意義，老

師接納了我的建議，往後就較少有入門拜師的儀式。

　　我的一個師伯，收了十幾個入門弟子，有人練得不錯，也在國外打出了名號，但他自立門系，不承認這個師承，讓我們這些師兄弟們感慨萬千，師伯有大度，沒有放在心裡。

　　師伯曾問我，為何遲遲沒有收錄入門弟子，我說，這得要慎選，最起碼的條件，須先成就這三樣功體，再來就是品德操守的問題，還有就是師生之間緣份的問題了。師生間，要有亦師亦友以及如父如子的感情之建立，這樣收錄的弟子，才是具有意義的入門。師伯很認同我這個觀念看法，寧可欠缺，不可隨便。

- 膝蓋需要適度的運動，增強軟骨的海棉作用，
  可使關節滑液流通，給軟骨營養，
  保持潤滑度，減少軟骨磨損機率。
- 練拳，不要蹲得太低，
  不必去炫耀那種虛榮，
  這樣會增加膝蓋的負擔，引生膝傷。

第十二章

蹲低無用論

打拳蹲得低低的，這樣能練出功夫嗎？答案是不能的。

很多人練拳或站樁，多誤以為身子要蹲得低低的才能練出功夫，事實上是相反的，蹲低不僅不能練出功夫，而且會把膝蓋搞壞，不得不慎。

蹲低只是練腳力，對於樁的入地以及氣沉是絲毫沒有效益的。

蹲低過久，容易使膝蓋軟骨受到磨損與傷害，許多練拳的人，練到後來，膝蓋壞掉了，要靠藥物或置換人工膝關節，痛苦後半生，非常冤枉的。

網路上常出現某派太極拳深蹲打太極拳的畫面，不僅被按讚，還有不少人，大加推崇，說這個功夫好。

深蹲一法，是練習舉重與腿肌的一種練法，目的在強化大腿及臀部的肌肉。

平常人不練舉重，也可以用深蹲的姿勢來練習下肢的肌群。但這個動作一次只能做一、二十下，或二至三分鐘的時間，如果次數或時間太多太長，就有可能會使筋骨、肌肉產生疲乏狀態，甚至引發傷害。

我們練一趟太極拳架，時間短者五、六分鐘，長者二、三十分鐘，如果保持深蹲姿勢打完一趟拳，雙腳難免

受到傷害，而且膝蓋軟骨過分的受到磨擦與重壓，時間久了，一定會造成膝傷，尤其是年長者，更不宜用深蹲來打太極的。

那麼，這些派系為何還要一直標榜用深蹲來打太極呢？這無非是想呈顯他的下盤功夫了得罷了。而事實上，這樣就能代表功夫好嗎？不盡然也。

深蹲，只是呈顯大腿有力罷了，並不能表示有功夫。太極拳論云：「有力打無力……非關學力而有為也。」拳論說，有力打無力……，都是先天自然之能，這與努力用功學習而有所成就，是沒有關係的，也就是說，太極拳的功夫，不是靠蠻拙的力量練出來的。

深蹲必須一直靠下肢雙腳的力量去支撐全身的重量，這樣就會使上拙力，大家皆知太極是「用意不用力」的，所以這種練法，與太極本意是相違背的，是不值得提倡與標榜的。

深蹲過久，就得不著「鬆」，不鬆就不能「沉」，不沉則勁不生，功夫不能成就，練這樣的拳是無益的，是與鬆沉的原則絕緣的。

最近看到某派太極在網路上ＰＯ這深蹲的拳架，很多人都給予按讚及留言稱許。俗語說：「內行看門道，外行看熱鬧。」真正的功夫瞞不了識者的慧眼。

然而，這還得靠有勇氣及有膽識、膽量者，才敢出來破斥這些錯謬的行徑，餘者只能鄉愿無言以對，看可憐的無知者被誤導。

太極拳或所有內家拳，一向主張鬆與沉的，也唯有氣

的落沉，才能聚斂內勁能量，這也是練拳的功體之最終目標。

鬆與沉是有因果之相互關係的，鬆了，氣才能沉，氣沉才能生出內勁。那麼，在蹲低時，尤其是像網路所播放影片中的極蹲低時，必得使上腿部的肌力，這樣，整隻腳必須費極大的力量去支撐身體的重量，而使大腿產生緊張狀態，這種情況下，肌肉、骨頭、筋脈都是緊張、緊縮的，如此就達不到「鬆」的境地，也與「沉」絕緣，功夫終究不能成就。

「沉」的前提是落胯，而蹲低不是真正的落胯，只是委屈了膝蓋的受苦。

什麼是落胯？落胯的目的為何？這得須先搞清楚。

落胯，又稱為坐胯或撐襠，有人也稱它為插襠或插胯，顧名思義，就是要使這個胯落插、插正之意，胯直正了，身體的重心才有了依靠，才能將重心直達於腳根，不會讓膝蓋承受太大的重量，而造成膝傷。

胯不落插，就沒有承載力，我們丹田氣就無所依靠，丹田氣就會散漫而不集結，如此則無法斂氣成就內勁。

胯落沉了，就會連接到腳根，在樁功有成就時，即可藉由打樁而成就發勁功夫。胯不落，則氣沉不到腳底，在發勁時就成為打空包彈。

高雄有師解釋落胯，謂坐在太師椅上，把椅子拉開，使臀部落空，說這就是落胯，荒不荒謬呀。這樣的落胯，不是太極拳的落胯，不是內家的落胯，只是一個低蹲的姿勢，這樣的低蹲，氣是不能落沉於丹田的，更不能落沉於

腳根的。

落胯不是練外家的蹲馬步，也不是練腳力、練腳痠，這是拙力方式，拙力是阻礙內勁的生成，是發勁的絆腳石。

內家所主張的落胯，在於透過鬆腰、鬆腹，使內氣落沉聚集於丹田，來培養壯碩丹田氣的。

我們的腰胯，順延而下到膝、腳的根底，就像一只鼎的支架，把丹田這個氣囊球體支撐著，我們身體的這個鼎有三個支架，就是胯、膝與腳根，這三個支架必須互有撐持力，而令丹田氣囊這個體，能有所安住，也才能使得下盤保持穩固與機動性。

胯、膝與腳根三點必須有一定的垂落角度，胯不能癱，膝不能塌，使丹田氣能透過胯、膝而落於腳底，成就落地生根的椿功。

所以，氣的沉落，必須有胯、膝與腳根這三點的互相撐持；若是癱塌了胯、膝，丹田氣將無所安住。

我們人體的骨盆胯部，能左右撐開；骨盆胯部撐開了，才能將整個髖部、臀部及上半身的重量，承載起來，並且延下而落到腳底去。因此，骨盆胯部如果沒有撐開，那麼，整個上半身的重量，就會落到膝蓋去，所以，蹲低練拳骨盆胯部是很難撐開的，也將會使膝蓋承受過多的重量，只是加深膝蓋的折騰而已。

我們修練太極，練內家，是要健康養生的，但是有人練太極、練內家卻傷痕累累，尤其是膝傷，現在不少名師，膝傷是時有所聞的，有的甚至要坐輪椅渡過餘生，令

人感慨。膝蓋所以會受傷,是因為長期過度承受身體的重力,使得筋脈、韌帶等受到壓迫、拖曳、扭轉等等,長久之後,膝蓋軟骨受磨損、發炎,成為練拳的後遺症。

沉與蹲是有別的,而且是大大有別的。

沉,是氣的沉落,透過肢體的落插,而使氣落沉於丹田或腳底,這個肢體的落插,涵蓋了胯與膝。胯要垂落,以承載丹田氣囊;膝要垂直,不超腳尖,這是恰當的體姿。

蹲,是一種受力,蹲下去打拳,膝蓋往往超過腳尖,承受身體的重量太多,壓久了,扭轉久了,能不受傷嗎?年輕時或許沒什麼感覺,到老了就要嘗到苦果。

所以,沉與蹲是要先搞清楚的,不要以為蹲低就是好功夫,事實上,蹲低並沒有功夫,只是唬弄不識者罷了;因為蹲低,大腿及膝蓋必須使力,使了拙力,氣就浮了,氣就跑掉了,就白弄了一場。

再來談到高架與低架。

太極拳架有高有低,要視各人的體質狀況,不必刻意標榜低架才是功夫,不必貶抑高架就是太極操。是不是有功夫?是不是太極操?並不是以高、低架而論定。

太極及內家功夫,練的是意、氣、勁,缺少了這些內涵,就是名副其實的太極操;有了意、氣、勁這些內涵,即使是高架,也是值得被稱讚的。

太極拳論云:「無過與不及。」拳架該高則高,應低則低,你打一個「下勢」能夠不低嗎?打拳要「隨曲就伸」,要「屈伸開合聽自由」,如此才會有「圓活之

氣」，才能「隨心所欲不逾矩」。

全程的低架，蹲得超乎平常的低，是不值得被倡導的。蹲低，不表示下盤功夫了得，因為，蹲低大部分是膝蓋在承受體重，很難全程保持「落胯」的姿態，也很難全程保持「立身須中正安舒，支撐八面」的局面。胯不落，則氣不沉；身不正，則氣不順，練拳無益矣。

高架，並不是說他打的就是太極操。很多明師都是打高架，盤起拳來卻圓活輕靈，神宇軒昂，雖沒蹲低，但從雙胯的落插，可以看出他的氣沉。所以，不能以高架而論定他沒有功夫。

高架，步法適中，挪移巧便；低架則步法開擴，在實戰時，前後左右的換步，因步距與時間的差異，靈活度是遠不及高架的。

太極大師牛春明先生說：「深蹲與跪膝，這些和鬆腰胯完全是兩碼事。」

牛春明大師是太極拳界著名的老前輩，拳藝精湛。平時在公園裡教拳，非常地認真，而且要求很嚴格，一絲不苟。

他有一位中年男子的學生，一打太極起勢就下蹲，老師教他不要蹲，他不改，老師急了，手指著公園邊的廁所說：「要蹲，上那兒去！」

中年男子膝蓋往前一踢一跪，老師轉過身來，對大家半開玩笑地說：「你們要跪，回家拿塊搓板，到老婆床前去跪，我這裡不用跪。」

沒錯，深蹲及跪膝，這和鬆腰鬆胯完全是兩件不相

干的事；只會使得兩腿及腰胯受力過度，產生疲乏狀態，於身體有害，於功夫無益，蹲的低及前腳膝蓋向前癱塌，都是會磨損傷害膝蓋的，所以蹲低打拳及跪膝打拳，是不值得被提倡的，也是被明師所呵止的，只有一干邪師、偽師，為了虛名，才會在那邊「跳樑」舞弄的。

是的，要蹲，就到毛坑去蹲；要跪，就到老婆床前去跪。不要在明師面前現醜了。

* 太極拳經論一直重複論說「心」「氣」「勁」，
  這些是太極拳的靈魂核心，
  跳脫了這些，
  太極拳便成為空洞而無架構主宰的空中樓閣。

第十三章

斷續與持續

　　練拳有一個通病，就是斷斷續續。斷續又稱延續，遲延的延，是說做一件事情，把時間拖延得很久、很長，在這之間有了斷層、斷落、間斷，沒有把它連結貫串起來。

　　這個斷續與延遲的中間隙縫，有時是相隔幾天，有時候是相隔幾週，或相隔數月、數年不等。

　　相隔了一段時間之後，要再去連結延續起來，就得再費一番周章，你要重頭再去思維，再去回憶，幾番折騰之後，才能再接續起來。有時一忘，就怎麼想也想不起來，那麼，原先的那股衝勁，就會逐漸的冷卻下來，甚至就此而退墮或放棄。

　　我們在練拳之中，看過太多這樣的例子，百人之中，約有九成的人是如此，甚至更多，這也是一些拳師教拳時所感到遺憾與嘆息的事情。

　　時代不同，士、農、工、商，各有所職，各有忙碌，這個年代，要一個人保持日日持續的練拳，是甚為稀有的事，所以斷斷續續反而成為常態，能持續不斷者，就變成稀有動物了。

　　美國有一個籃球健將，記者訪問他成功的秘訣，他只回答兩個字「堅持」。

　　台灣羽球皇后戴資穎說：「休息越多，只是離你的目

標越遠。」

　練拳也是，休息越多，嬉玩越多，離成功的目標就越遠了，非等待而可成也。

　練拳每天要流下一擔的汗水才是好樣的。

　練拳要像燒開水，一直燒，一直燒，燒到水滾開了，才能喝的；水沒開，你把它斷火，那麼要喝水，就得重頭再來過，再開火去燒。如果一下子開，一下子關，那麼，這水就永遠是生的，永遠是不能喝的。

　斷續，遲延，是一種怠惰，是一種自我的消極，沒有自我擔當的精神。練拳應當自立自強，自我惕勵，自求精進，勇猛奮發，有了這個勇氣與激勵，才會有所成就的；若是斷斷續續的練，或隨興而練，有一搭沒一搭的，都不是好樣的，都不是一個漢子應有的作為。

第十四章

點到為止

　　練拳除了拳架與基本功的修煉之外，最後階段就是實際的對打練習。實際對打如何防止受傷？而順利完成這個真實格鬥的訓練，是一個值得討論的課題。

　　一般的散打或格鬥訓練，都是要穿戴防護背心及拳套，但這有一個缺點，就是打擊力的削減，讓挨打的一方，不能真正的感受到被打時的創擊力道，往往因為在防護套具的保護下，而失去真實的受擊危機感，失去警戒之心，抵減了鍛鍊的效果。

　　如果沒有穿戴防護背心及拳套，受傷的機率就會增加許多，因為攻擊者一拳打出去，除了是虛招，往往都是傾力而出的，所以受傷的情況是時有所聞的。也因為受傷的緣故，真正的對打實練，就被練拳者所畏懼與排拒，令人遺憾。

　　那麼，如何在不穿戴防護背心及拳套的對打訓練當中，可以盡量避免傷害，又可以感受到實際的對打狀況，這就牽涉到「點到為止」的對戰技術層面。

　　「點到為止」又稱為「打到為止」，也就是說在對戰中，攻擊的一方，只要攻擊點到位了就收手，也就是不要傾全力的打去。

　　但是，這種情況下，會發生一種現象，也就是說這個

練習，會變成一種「摸摸拳」，大家互相摸來摸去，這樣的摸來摸去，就沒有真實的打鬥實況，不痛不癢的，變成一種玩笑式的虛練模式，如此，雙方的警覺性也會被漠視掉，不能發揮實戰的效果。

因此，在對打中，不可落入摸來摸去的「摸摸拳」之框架中，出拳發勁攻擊，內勁是要真實到位的。

話說回來，一方面要卸棄戴防護器感受實戰的真實感，一方面又想不流於「摸摸拳」的虛練模式，因此，「點到為止」這門對練技巧，是值得被探討與研究的。

依我個人在實戰對打的練習當中，也就是我個人的體會，「**點到為止**」的關鍵在於力與勁的區別與控制。

「力」出於骨，要發揮這個力的重度，必須有距離加上速度，你一拳揮出去，時間與空間都要有足夠的搭配條件，也就是說你舉臂要揮拳時，手臂先要向後抽，再往前擊出，這樣距離才夠長，也才能有加速效果。

在這種情況下，你拳揮出去，就難以掌控全程所預先營造出來的力道，也就是說，這一拳的力道已經在你即將揮拳前，已經構築完成，很難再作改變，也無法中途去改變速度與力量了。在這情況，被挨打的一方，被擊中時，受到打擊時，難免就會受到傷害。

「勁」出於筋，筋有彈性，有機動性，善於變化。發勁的主源，在於丹田氣與打樁之相互配合；丹田氣鼓運了多少，樁打下去就是多少，是有一定的比例。

在出拳發勁之前，自己已然預估了我要出多少份量的勁，丹田要引爆多少的氣，去進行驅策與壓縮，也就是鼓

盪丹田氣之意，你要鼓盪多少份量的丹田氣，去打樁、引爆、擊破，都在自己的掌控之中，不會有所偏差。

而且，筋是機動而有彈性的，這個出勁的勁道，是可大可小，可快可慢的，是可以中途隨時變更勁道與打點的。還有，一個練就聽勁靈敏的好手，透過觸感，可以知道這拳該如何出，如何縮止，掌控自如，不會讓對方受到傷害。

一個拳師，必須俱備這樣的功夫才能出來教拳。如果在教學當中，老是把學生打傷，或為了呈顯自己的功夫了得，把學生故意打傷，這些都是邪師的行徑，不值與學。

但是，如果為了顧忌怕傷到對手而使得勁道沒有到位，也就是說沒有「入勁」，這樣也是錯誤的，因為這會流於前面說的「摸摸拳」的框框中。因此，要如何適當的拿捏，考驗著老師智慧的高低與功夫的深淺。

好的老師，身體要做學生的標靶，讓學生去打，讓學生去練，更重要的是在練習當中，不要把學生打傷，不要讓學生受傷，要有保護學生的責任與義務的，這樣才是好師，才是明師。

心中若無拳
今天學一式
明日忘一式
到老無半式

第十五章

練與煉

練，是一種練習，也是學習的意思；開始學習拳術，我們就稱之為「練拳」。這個「練」字，有反覆學習而至嫻熟之意，所以，它常見的用詞有「訓練」、「熟練」等等。

練拳術，初始就是練一些基本動作、招式、功體等等。基本動作如手法、身法、步法；招式就是拳架的單一結構以及整體套路；功體的練習包括樁法、盤枝以及丹田氣的培養與運作等。

拳練到有一個初胚、雛形，這個階段謂之「初練」或「始練」。以後的深化練習就叫「鍛鍊」或「鍛煉」。

「鍛鍊」及「鍛煉」之詞，來自冶金，因為冶金必須用火來燒製，而且時間與火候一定要足夠，才能燒鍛而成製品，因此引伸用堅苦的歷程來強化一種成果，就稱之為「鍛鍊」或「鍛煉」。所以，鍊與煉是通用的，都有艱深強化的意思。

鍊與煉雖是一種通用詞，但還是有些微的區別，通常所謂的「鍊」有艱深強化過程的意涵；而「煉」字是要達至於更高深的精華地步。

所以「練」，是一種初階的學習，還在摸索、模擬、修正階段。而「煉」，是練習的階段已將屆完成，進入到

提煉、精煉層次。

一般人「練」拳，大都都停留在摸索模擬、修正與複習階段，很少再去深「煉」，就此滿足。多數的人以為練了很多套路，以及各種刀劍棍槍等等，就是功課完畢了，就當起教練老師來，以此虛榮而傲人，不想更進一步去精「煉」，求取真正的內勁功體，實在是令人遺憾與唏噓的。

練內家功夫，貴在一個「斂」字。行功心解開宗明義的說：「以心行氣，務令沉著，乃能收斂入骨。」又說：「腹鬆，氣斂入骨。」又說：「牽動往來氣貼背，斂入脊骨。」行功心解為何要一直重複的述說這個「斂」字呢？這是值得我們去詳細推敲與體悟的。

斂，是聚集、涵束、收藏之意。把內氣收集聚合起來，把內氣包涵束積起來，把內氣收縮隱藏起來，這就是「斂」。

行功心解說：「以心行氣，務令沉著，乃能收斂入骨。」意思是說練拳要平心靜氣，用極安靜的心思來行功運氣，在行功運氣時，務必要使我們的內氣沉積著落，這樣，氣就會逐漸的被收集聚合起來，被包涵束積起來，被收縮隱藏起來，終能斂聚於骨骼之內，成就內勁質量。

內家拳的練習，透過身體的操練與行功運氣，使氣活絡溫熱起來，這樣就能斂入骨髓之中，日久而使得骨質剛強，無堅不摧。

形意大師王薌齋先生說：「伸筋縮骨，生生不已的動。」這與氣斂入骨是相關的。大師後來主張「一動不如不動」，捨棄煩雜的套招，講求不動的樁功。樁功求身體

不動，內心安安靜靜，極靜則氣動，氣動則溫熱，溫熱則氣滲入骨髓，斂聚積藏，終成內勁。動與不動，各有其功，不宜偏執一法。

行功心解說：「腹鬆，氣斂入骨。」

我們打拳，行功運氣不可「使力鼓氣」，使力鼓氣會令氣滯結、閉塞，是不利的。腹鬆了，才能氣斂入骨；腹內丹田的氣鬆淨了，才能流行順暢，通達無阻，氣機活絡，終而氣斂入骨。所以腹鬆、氣鬆更勝於肌鬆、體鬆。

行功心解又說：「牽動往來氣貼背，斂入脊骨。」

打拳都是牽連四肢，動運軀體的，在往來之中，氣是要如何的貼背呢？如何的斂入脊骨呢？

行功心解有一句話叫「往復須有摺疊」，什麼是「摺疊」？我常以海浪作引喻，前浪去了又折回，與下一波的後浪產生了交錯、折衝、撞擊，這就是我們打拳中的「摺疊」。

打拳行進，有前後之拖引，是「其根在腳」的，由腳根拖曳著腳、腿、腰胯及身手，所以手都是最後到位的。在手前進而尚未折返時，次一波的前進已由腳根接續運行中，所以一來一去當中，一往一復當中，各個關節及所附帶的筋脈等，也會產生交錯、折衝、與回撞，這就是拳中的「摺疊」。

這個「摺疊」有什麼效用？它能在交錯中引生更強烈的壓力與衝擊力，使得氣血更活絡、更熱騰，終而氣斂入骨，匯聚成勁。

「練」拳如果沒有「斂」氣入骨，就不是內家練法，

因為不能成就內勁故。

這個氣，斂入手臂，就能成就手的掤勁；這個氣，斂入腳根，就能成就腳的椿功，穩固下盤；這個氣，斂入丹田，令丹田氣圓實飽滿，產生爆破力。這三者都是發勁必備的要件。

斂氣之外，還要斂神。太極拳經云：「氣宜鼓盪，神宜內斂。」氣的鼓盪是為了令氣加速循環與順暢，使氣騰然起來，終而斂入脊骨，成就內勁。

神的內斂，是為了韜光養晦，使氣不向外發散，內固精氣，外示安逸。因此，練拳時，眼神不宜外露，不宜目光洞洞，要反觀內視。我們看武聖關公，平常都只開三分眼，要殺賊時，神光一射，敵頭已落地。

斂神是保持元氣，令氣集結，固精養元。精、氣、神是生命的三要素，修行者常說：「練精化氣，練氣化神，練神還虛。」能練神還虛，則近道矣。

- 腰，要像車子的方向盤，
  扭轉後，一鬆手會自然的回正。
- 腰的回正及彈抖，靠的是兩腳互相牽引的二爭力；
  二爭力之源，就是腳椿。
- 有椿功為基礎，才能打彈抖勁。

第十六章

釣竿與掤

手拿一枝釣竿，竿尾的絲線底部綁著一只鉛丸，是要讓魚餌沉到水中的。

你拿著釣竿，不論是離開水面或有魚兒上鉤，那種垂落沉重的感覺，與太極八法中的「掤」有些微相同的意涵。

我們練掤勁，雙手一個捧提，就需要有這種感覺。平常人舉提雙手，都是習慣性的用力，所以舉起手臂，不會有垂落沉重的感覺。

練過太極，有了「鬆」的概念，盤起拳架，就不會用拙力去舉提，手鬆了，氣就沉了。

在練攬雀尾的左掤或右掤，手盤起來，就會有舉竿的垂落沉重的感覺。手越鬆，這沉就越明顯；稍一著到拙力，這沉的感覺就跑掉了。

釣竿是有彈性的，上下起落，都是如此，盤拳就要如提釣竿。

拳架，從起式開始至收式，手的捧提，每個剎那，都要有這樣的內涵，不止限於攬雀尾一式。能如是，則掤勁功體的養成，不遠矣。

用這樣的感覺去盤枝練椿，用這樣的感覺去打拳架，在拳架進行的往復牽動中，去拖曳雙臂，阻力的感覺就抓

到了，陸地行舟的感覺也有了，這樣，掤勁功體的成就已經不遠了。

　　你肚子一鬆，腹部一鬆，腰際一鬆，氣就落沉到丹田去了，丹田這個氣囊也會有如提釣竿似的垂落沉重感，你心裏可以如是凝想，這個丹田氣囊就像一只灌了水的氣球，你抓著氣球上端，氣球的伸縮彈性及水的重量，受到地心引力的牽引而垂落，這個就是「氣沉丹田」了；氣沉丹田其實就是這麼地簡單的，只一個「鬆」字而已。

　　只要你真正的腹鬆了，這種垂落沉重的感覺就會自然感受的到。你的胯一落插，丹田氣就墜到腳底去了，久了就落地生根了，下盤的樁也成就了。

　　看完這篇文章，何妨現買現試，把手輕輕的微提起來，指梢似牽著一條看不見的絲線，被線底的鉛丸所引而垂落，你手臂的大筋被拖曳下去，但手仍然提舉著，手臂的大筋，有被引下的感覺，但手臂卻沒有真的往下垂落。此時手的筋有著上下二爭力的牽扯，會有痠痠的感覺，會有氣滿充填的感覺，會有麻麻脹脹的感覺，會有熱騰騰的感覺。

　　這樣練久了，時間夠了，氣就斂到筋脈去了，就斂入骨膜去了，這就是行功心解所說的「氣斂入骨」，內勁就慢慢累聚而成就矣。

　　手臂捧舉出去，似釣竿的沉墜，掤勁的感覺練就熟稔時，你的手即使不捧提舉起，只是鬆鬆的垂著地，在意念微到中，手筋就會有被拉拔伸長的感覺，筋痠痠的感覺，氣血衝盈脹滿的感覺，這已經就是在練掤勁了。

在等人中、等車中、站立與人閒聊中、在散步中，都可以這樣的練搠勁，要在生活當中，利用空檔、利用時間來練功，把練拳生活化，日積月累，零存整付，日進一紙，功夫成片。

第十七章

心中有拳

　　練拳，要時時刻刻「心中有拳」，這樣才能出功夫。

　　所謂「心中有拳」，就是你心裏面，時時刻刻存在著「拳」的影子，這個「拳」，含括所有拳的內涵，如拳架的著熟、功體的養成、用法、打法以及對經論的理解等等。這個拳要怎麼練，怎麼默識，怎麼揣摩，怎麼才會得到練拳的效果，怎麼才能使自己的功夫漸進，怎麼才能使自己的內勁功體增長，這些林林總總，都要在內心深深去思維的，去領悟的，一方面持續不斷的老實練拳，一方面要去思悟，要能舉一反三，融會貫通。

　　練拳之要，先求「理」的貫通，拳經、拳論、行功心解裡面的理論，要能會解。若無理論作基礎，拳是不容易練好的。

　　這些經論都是前賢們，功夫成就後之結晶，是他們功夫成果的一種記錄，有些只記錄功夫之「其然」，並未說出「其所以然」，也就是說，他們沒有把練功的方法詳細的說出來。

　　譬如，太極行功心解說「往復須有摺疊」，這個「摺疊」的真義是什麼？為什麼往復須有摺疊？怎麼摺疊？在「體」與「用」兩方面有何種效益？今之拳師，各有各的解釋，令人無所適從，是否真正契合行功心解之說，則有

待他日真正的明師出現時再來解說了。

　　你心中有拳，這些經論，會在你內心不停的翻攪，你一方面練拳，一方面會把經論拿來作比對，互為印證；智慧夠，領悟能力好，自然有一天你會幡然明白這些經論在說些什麼，此時功夫就會更進一層。

　　若是只看經論，卻不老實練拳，那麼這些經論翻破、讀破，依然於事無補。很多學拳的人，自己不肯用功練拳，成天去問人家問題，想從答案中得到功法的秘訣，即使得到秘訣，卻不肯下工夫去練，到頭來也是瞎忙一場。

　　你心中有拳，到了某個時辰，拳理的實現，會源源不斷的湧出來，你的心得會不停的呈顯出來，有時在夢中也會有拳的影子掠過，也有拳理湧上來。這就是靈感的乍現，忽然的冒出來，此時要即刻將這些靈感寫下來，記錄下來，作為日後的參考。

　　我的文章有些就是這樣寫下來的，如果不即時寫下，靈感跑掉了，文思也就沒有了。

　　張義敬先生在他的《太極拳理傳真》書中，描述他的老師李雅軒先生的好拳不倦，已到廢寢忘食的程度，常常在吃飯的時候，驟然放下碗筷，拉過紙筆來寫他的靈感，他說：「你看！我成了拳瘋子了，學拳沒有點瘋勁怎麼成。」是的，沒這股瘋勁怎能成為大師呢？這就是道道地地的「心中有拳」。

　　《太極拳理傳真》書中，有一專章「雅軒老師佚事一則」是這樣敘述，提供給大家參考，摘錄如下：

　　我在雅軒老師家裏共進午餐……他突然下碗筷，轉

身拿起毛筆，狂熱的寫起來，情緒之高，到了神采飛揚的程度，看他那一股高興勁，決不亞於探險家登上了珠穆朗瑪峰。我在一旁看得驚呆了，不知所措地問：「您在寫什麼，天冷，飯菜涼了，吃完了飯再寫不行嗎？」他像沒有聽見一樣，繼續奮筆疾書，直到寫完了，才放下筆，輕鬆地對我說：「剛才閃過一個思想，告訴我要如何發勁，才能入裏透內，才能無堅不摧，才能使對方驚惶萬狀。我必須立刻寫下來，不然，過後就忘了。」

這就是大師，愛拳已到了癡迷的地步，心中就是一個「拳」字，李師能有這樣的成就，不是沒有原因，只緣「心中有拳」。

今人學拳，連上拳課的日子都會缺席，想來就來，不想來就曠課一下，反正我有繳學費，愛來不來是我的事。

不然就是，週一剛上班作事，就在計畫週六、日要去哪玩，要去哪裡吃大餐，要去哪裡唱卡拉 OK。練拳總是有一搭沒一搭的，一天打漁，三天曬網，這樣功夫怎麼能成呢？到時還來怪老師沒把功夫教給他。

學拳練功夫沒「撇步」，勤練、勤思、求悟，此外無秘訣。

勤練，每天要安排固定的時間，按時操課，這個操練的時間，每次不少於一至二小時。如果只是隨意舞弄幾下，於事無補；或者隨興而練，或散漫而練都是無濟於事的。

勤思，練拳要一面練，一面思維，思維拳意、拳理。

拳經、拳論、行功心解是修煉太極、內家功夫必讀的

經典，須要熟讀，用心去理解，要去互相印證。

求悟，練拳不能傻乎乎的練，要從經論中去求悟。如果悟不出來，就是你還未練到那個境地，還要更加勤奮的練，等到一天，功夫已到那個層次了，自然地明瞭經論是在說什麼。這個悟，甚至不須老師來開破，水到渠自成。

這個時節，有些功夫會自然的跑出來，甚至有些是老師從來沒有教過的東西，你都忽然間會了，真是非常地奇妙的。

拳是練出來，不是看出來的，也不是問出來的。有些人練拳，是用看的，看書練，看人家練，成天浸淫在武術的叢書之中，去做研究。

拳靠的是練，不是作學術研究，這種研究是出不了功夫的。

有些人不想勤練，整天去問問題，網路上常常見到一些膚淺的提問，令人啼笑皆非，很多自命「大師」的都跳出來答覆，遇到意見相異時就打起嘴炮，自以為是。

練拳即是練心，心靜了，心定了，才能好好地練拳。在自個心中，除了家庭、事業，拳要佔有一席地位，甚至拳與家庭、事業等同一個地位，你心中有家庭、事業，也有拳。

有這樣的心態，練拳才會有成就；如果把拳當成一項配料菜，吃過就沒了，那麼到老，依舊是，拳是拳，你是你。

形意大師郭雲深，練拳成癡，即使被關進牢房，手腳毫無伸展之餘地，依然每日練半步崩拳，終於成就了「半

步崩拳，打遍天下無敵手」的大師。

　　一般凡夫，若被關進牢獄，必定意志消沉，鬱鬱寡歡，萎靡不振，但是大師心中有拳，拳是他的親友，拳是他的知己，拳是他的愛人，有拳相伴，並不孤單，有志如此，終然有成。

　　孫祿堂的愛徒齊公伯，個性魯直，不是很聰穎的人，但他就是愛拳，師傅教他練站樁，一站就是三年，一心只在樁中下工夫，內心想著樁要如何站，才能練氣入樁，才能練樁入地，入地生根。學拳不在求多，在一式當中，用心去體會，即使如齊公伯這樣憨直的人，也是能悟出拳理的，也能成為大師的。

　　尚雲祥去拜李存義為師，李存義只傳了劈、崩二拳。尚雲祥日夜苦練，細心思維拳意，隔了十一、二年，李存義找到尚雲祥，試了尚雲祥功夫，感到很意外，說：「你練得純。」這時候才正式教尚雲祥形意拳。

　　明師之所以出類拔萃，出人頭地，超人一等，成為一代宗師，靠的是一份堅強的意志，心中有這個意志力，一心要把拳學好、練好，就自然會去追求。拳，永遠在心中佔了重要的地位，一頭栽了進去，就沒有再出來。

　　有這種氣魄，練拳沒有不成的。

　　練拳要有一份癡，一份癲；然而，今時之拳癡，已不復見。

第十八章

切　磋

切磋分武磋與文磋。

武磋即武技上的切磋，文磋則是拳理、拳論上的討教辨正。

一、武　磋

內家武技之切磋，有推手及實戰。

推手也有武推與文推。

武推，就是鬥牛式的推法，雙方纏在一起鬥力、扭拉、抓扣、抱摔等等，無所不用其極，完全失去了推手的味道與本意。

推手原來的本意，是雙方靠著身體肌膚的接觸，用神經去感覺對方施力的方向、速度與力重等等，使得神經觸感產生靈敏的作用，而達到「應敵變化示神奇」的效果，也就是說，靠著肌膚的沾黏碰觸，去感覺對方攻擊的力道、方位與時機等等，而掌握到敵情的用兵狀況，達到「人不知我，我獨知人，英雄所向無敵」的境地。

但是，今時的推手，已經變成鬼打架，都是一些纏鬥、摟抱、頑抗與摔拋等，這種推法只是拙力的呈現與養成，這與內家的輕靈、鬆柔、不用力等理論，都是背道而馳的。

然而，因為有了推手比賽的發展，以及比賽規則的難以完善，所以推手還是維持這個老調，似乎無法改變與進步的。

這樣的發展下去，即使你去參加了推手比賽，或者你在坊間的推手場地，都已所向無敵了，但是千萬不要以此而自豪，因為推手功夫畢竟只是進入實戰的一個階層而已，若是得著一個推手冠軍，就自以為天下無敵了，那麼有一天，遇到真實狀況需要真正幹架時，可能一點招架的餘地都沒有，一定會發生窘態的。

有智慧的拳家，不走推手硬幹這個步調，而是走「捨己從人」、「一羽不能加，蠅蟲不能落」、「四兩破千斤」、「不以力取」的正確方向，循規蹈矩的去修煉。寧可輸，寧可被打敗，也不願意去力拼，去頂抗，去鬥牛。這樣的練下去，一段時間以後，輸的苦漸漸地減少了，敗久了就要慢慢轉勝了，倒吃甘蔗的日子漸近了，越來越甜，聽勁越來越好。

我師伯黃景星先生，在世時指導我推手，就是這樣教的。他說，推手最忌去抓人家的手，最忌，怕人家打進來，他說你就讓人家一直發，一直打，胸部不要防守，故意放空門讓人家來打，你只要聽（用身體去感覺），被打久了，你的聽覺就好起來了，反應慢慢地靈敏起來，慢慢就會達道「懂勁」的境地了。

師伯的話是正確，我現在也是這樣教學生，盡量的不去使拙力，盡量的鬆推，以練習聽勁反應為主，以輸為主，以常敗為主，以「失敗為成功之母」作為推手的座右

銘。

文推，斯斯文文的推，雙方皆有共識，都不鬥力，只是在斯文緩慢輕鬆的「沾連黏隨」的互相找勁當中去訓練聽勁，去感知對方的勁路，找著了勁就順勢輕微的發勁一下，這個輕微，只要對方稍有敗勢即止，只要對方的根盤被拔動了，就好了。

這種文推，聽勁效果遠比鬥牛式的硬推佳，進步也很快，而且也不傷感情，何樂而不為呢？這鬥力的癥結，在於人都是好勝的，都是愛面子的，都是輸不起的。

所以，推手功夫想要好，自己要先放下身段，不要死愛面子，要真正丟掉面子，才會有裏子，及功成之後的面子。

喜歡推手的人，到了公園、學校或公眾運動的場所，見人推手，就會一時技癢，想跳下去跟人家推一下，切磋一下。但是要懂得江湖上不成文的規矩，你先要徵得場主教練或老師的許可，才可以下去找人推；若是貿然的遼下去，是很不禮貌的，也是不尊重場主教練或老師的。

還有，在人家的場子推手切磋，要留面子給人家，不要把人家打得太難看，最好是裝輸，即使是贏也得裝輸，這樣大家才不傷感情；你只要拔動了對方的根盤，就可以了，就知道高下了，不需要讓對方輸得難看，甚至有時要裝成輸對方的樣子，而且要裝得很像，一點也不造作，這樣才會皆大歡喜，而成為受歡迎的人。

若是常常把對方打得很難看，那麼以後就再也沒有人會跟你推手了，這就是推手的藝術，這就是推手的哲學，

懂得這個切磋的藝術，你就可以結交到許多拳友。

實戰的切磋，以點到為止，但內勁要到位；如果以耍玩的方式去練實打，不會有真實的效果。

實戰格鬥的切磋，以同門師兄弟為對象比較適當。

不要跑到別人的場子去踢館，這樣容易發生意外事故，不可不防。

若想印證自己的功夫深淺，可以去參加格鬥公開的正式比賽。

二、文　磋

文搓，是指文筆上的切磋，拳理上的討教。

拳經、拳論、行功心解等經典，是練拳的重要指標，但是這些經論都是前輩們功成之後的語言記錄，其中的深奧理論，並非人人能懂；而且經論當中的文言，以及倒裝句，常常使人誤會文意，每個人的理解各自不同，因此也常引發一些論辨，各以為是。

拳理上的論辨，是常見的，尤其在網路發達的今天，你發表一個心得，或者在拳路演練了一個示範，一旦 PO 上網，就會有一些不同的聲音來表達不同的看法。

適當的討論，是進步的動力；如果自己的論點，或拳法上的一些動作，有了瑕疵，應該感謝對方的評論與糾正，這樣自己才會有進步的空間。若是忠言逆耳，正確的好言聽不進去，這樣就會阻礙自己的進步。

如果看見他人的缺點，或者發表的理論有錯謬，卻不敢勇於加以辨正，就是一個鄉愿之人，就是一個缺乏膽識

與勇氣之人，寧可眼見誤導者在那邊大放闕辭，卻不給予導正，使學者被導向誤區，離正道越來越遠。

在網路提出一個問題，讓知者來回答，是一個好的方向。但這個提問，必得是嚴正的，不是輕佻而膚淺幼稚的，不要有耍嘴皮的態樣。

若是常常提出一些「無厘頭」的問題，也就是毫無邏輯關聯的語言和肢體動作，這樣以後就沒人會再去理會他，而遭人「默擯」了。

有些人會故意出問題來考大家，當你作了回答之後，他又跟你爭論不休，遇上這種人，最好是不要理他，「默擯」之。

論辨，要以經論為依據準則，不可以個人的主觀意識、認知而為論辨，若不能引經據典，而自以為是，以自己的認知而滔滔雄辯，口沫橫飛，不能得到正面的效益。

第十九章

拙力與承載力

　　拙力，就是用了多餘的力量去運動、運轉、舉提等等，也就是用了過多的肌力與骨頭的頑剛之力，這都是為了使肌肉及骨頭受到額外的重力訓練，而增加本身原有的力量。

　　一般練硬拳系統，都會有重力的練習，譬如舉重、抓石鎖等等，還有就是用拳腳去打擊固定堅強的物體，譬如打牆、擊壁、砍磚等訓練。

　　泰拳更是風行把拳腳練成鋼鐵一般，每天都要練擊破，把自己的骨頭打到斷裂，骨漿流出，待骨漿鈣化，就變成另種更堅硬的骨質，這樣在攻擊人家時，就彷彿拿著一根鐵棒去打人一樣，這是標準的硬拳系列練法。

　　硬拳系統練功時，血脈賁張不平，齜牙裂嘴，面目猙獰痛苦、情緒驚惶恐怖，內心不安難靜。

　　太極與內家系統則不主張這樣的訓練方式，而是一種反向的思維，主張「用意不用力」、「凡此皆是意，不在外面」、「周身輕靈」，更主張「大鬆大軟」、「捨己從人」等等。

　　於鬆柔中去「以心行氣」、「以氣運身」、「氣遍周身」，令氣騰然而斂氣入於筋脈骨骼之內，成就內勁質量與瞬間爆破的威力。所以，太極等內家系統，是反對拙力

的。

太極與內家系統練功時，神閒氣定，身形安舒大方，情緒穩定柔和，內心輕安，無有罣礙。

硬力系統與鬆柔系統，到底誰才是正道呢？

這都是主觀的思想問題，都是根深柢固的問題，誰也無法去影響誰，誰也無法去拔動誰的，只有智者才會有正確的選擇方向。

承載力，也就是撐持之力，是最起碼的一種支撐，用來承載自身的重量。

承載力最大的源頭在於「其根在腳」的腳根，往上而推，就是胯與腰；手的部分，就是肩與肘。

練習站椿，有三個目的：培養中盤的丹田之氣、穩固下盤的「其根在腳」，以及成就手的掤勁。

因此，站椿的時候，要鬆腰，要腹內鬆淨。氣鬆了，自然的就會落沉到丹田去，氣沉丹田爾後，日積月累，丹田這個氣囊就會飽滿圓實，可以用來運氣，也可以抗打擊。

練形意的三體式，也就是三才椿，胯要落插，重心前四後六，要慢慢練到前三後七。為什麼要這樣？這就是要使我們的下盤有「承載力」，有支撐身體重量的能力，這是最起碼的功體鍛鍊。

初練這個「技擊椿」，是得要吃一點苦的，要能安忍這個微苦，下盤功體才能建立起來。若是不想吃這個苦，那麼就不要來練這一門功夫。因為這是內家功夫的最基礎。

有些硬拳系統及專業的格鬥系統，極力的反對站樁，認為這是無聊又單調的玩意兒，不想去忍受這個孤單與無聊。

每個人都有自己的見地與主觀思想，很難去撼動他，去改變他的思維方向，那就各自去追尋自認的趣向，一點也勉強不得。

站這三體式，為什麼胯要落插，重心要往後移至七分，這都是為了要使丹田氣沉落到腳根裏去，胯的垂落要與後腳根成要一個直線，這樣丹田氣才容易而且直接的落沉到腳底去，日子久了，才能落地生根的。

所以，不想吃這個微苦，內家功夫是成就不了的，不想吃這個微苦，就不是男兒漢，就是沒有志氣之人，就不宜來練這個功夫的。

我為什麼說這前三後七的三體式站樁，只是一種微苦呢？因為這個苦是微不足道的，若比起那些硬拳的負重及擊破鍛鍊，而至骨骼斷裂所造成的苦相比，真乃天差地別的。所以若是這個微苦都不能忍受，那就什麼甭談了。

人體的腰胯，像一只「鼎」，鼎字中間的「目」字，就如同我們身體的上半身，這個上半身的體重，需要胯與兩腳來支撐。這個「目」字的兩邊是手，延下就是雙胯，在往下就是兩腳，都是互相連結依持著的。鼎的千斤萬斤重量，全依靠所喻的胯和腳來承載支撐的。由此喻而知跨與腳承載力之重要。

我們的手臂提舉起來，也有它的承載支撐力，它的部位在於肩與肘。我們練拳之所以要沉肩墜肘，目的是要讓

氣落沉在這些部位，使得肩肘起到承載支撐的勁道。

我們練三體式，手臂是要舉提的，這個舉提，不可使上拙力，不能把肌肉綁縛得緊緊硬硬的，而是要放鬆肌肉，微微的把大筋伸展出去，在曲中微微的求直，但是要似直而非直，也就是說，不能繃緊硬拉，就好像手持著細長的釣竿，這釣竿是有彈性的，是輕靈的，可以感受竿尾及魚兒上鉤的微細沉重動態。

魚的重量與掙扎彈跳，可以由釣竿而感覺到它的彈力與動態。這枝細小但富有彈力與鬆柔韌性的釣竿，就如同拳中的手的掤勁，可以感知它的沉與承載重量。

掤勁就像大海中的水，可以承載千萬噸的巨艦。我們練掤勁，就是要去承載對手的強大巨力，不論用手承接或用身體承接，都要把對手的巨力往下承載於雙腳的。

海水有張力，有浮力，有彈簧力，有承載力，我們練掤勁，就是在練這些東西，練成了，它可接勁，可化勁，也有了黏勁。

所以無論是練站樁盤手，或練拳架中的盤枝，雙手捧著都是要輕靈而富有彈力的，最重要的是要練出鬆彈而富有承載力的支架。

拙力與承載力是有別的，拙力是需要被拋棄的，丟得越乾淨越好，丟乾淨，Q彈的內暗勁才能生出來，若是不肯丟棄拙力，不能成就內家功夫。

承載力是必須要去培養的，是必須要去苦練、久練的，把所有支撐的根都練好了，就是打好了最基礎的東西，萬丈高樓由此而起，所有的內家功夫，由此而建立。

　　站樁可以同時練到手臂、腰胯、腳根三者的根盤，站樁也可以培養丹田氣，這些都是內家功夫主要的功體，成就了這些功體，才能發勁，才能接勁，才能化勁；沒有這些功體，講發勁、接勁、化勁都是騙人的。

　　因為這樣的發勁，需要著意奮力前推；因為這樣的接勁，需要頂力去相抗；因為這樣的化勁，需要靠身體歪七扭八的搖晃，才能勉強躲避對方來力的攻擊，這樣的低層功夫，都是跳樑的小丑，是不值一提的。

　　承載力，是氣沉斂之後的成果，所以，承載力不是拙力，這是要特別分辨清楚的。

- 太極拳的「以心行氣」，與一般的呼吸是不同的，
  雖然兩者出入的氣是同樣，但太極拳這個氣，
  是透過心意的運為，吞吐，牽動，導引等行功要訣，
  令吸入的氣，引生不同的生理轉換，
  成為一種能量與特殊的效果，
  能聚藏為一般人所不相信的「內勁」功夫。

第二十章

虛實如何分清？

太極拳經云：「虛實宜分清楚，一處有一處虛實，處處總此一虛實。」乍聽，好像有些繞口令的味道。

虛實是什麼？為什麼虛實要分清楚？要怎麼樣才能把虛實分清楚呢？至今似乎也沒有哪位拳師把它說得清清楚楚，明明白白。

在太極拳論有一句「雙重則滯」，還有一句「雙重之病未悟耳」，很多人就把這些詞句撮在一起，兜在一起來解釋，把雙重和虛實混為一談，認為這個虛實是純指步法，純指雙腳站立時的一種比重；如果兩腳比重相等，就是犯了「雙重之病」，就是練拳的大忌。

有大師說：「少林馬步即雙重，腳沒有分虛實。」或謂：「所謂總此一虛實者，即其根在腳，全身重量必須放在一隻腳上，若兩腳同時用力，便是雙重，此為太極拳最忌之大病，切記，切記。」

這些大師都把虛實狹隘的侷限在雙腳的比重上面了，事實上，這個虛實是非常廣泛的，不只是兩腳有虛實，而是全身上下、內外都有虛實的，所以拳經才會說「一處有一處虛實」。我們讀經看論，不能斷章取義，更不能斷句取義，否則就會把意思搞歪了。

太極拳論的作者王宗岳先生所謂的「雙重則滯」，

是泛指全身的虛實而言雙重的。「雙」，就是兩處，這兩處，不限於雙腳兩處，它涵蓋了上下兩處，左右兩處，前後兩處，內外兩處。只要這些各各種種的兩處，被固或自固於一個化不開的死角，無法脫困，無法圓順化開，都是屬於「雙重」的範疇。

反過來說，兩腳雖然比重相等，但是身體的另一處被打點，卻能夠轉虛化開來力，這就不算是「雙重」。

所以，若把兩腳站立的比重相等，解釋為「雙重」，或認為這就是「雙重之病」，這是值得置喙與討論的。若「雙重」是這麼的容易理解，則老前輩就不會說「未悟耳」三個字。

如果只把兩腳的比重分清楚了，就不算是「雙重」了，那就沒有所謂的悟不悟的問題，也沒有什麼可「悟」的東西了。

虛實宜分清楚，這是廣義的指拳架及推手與實戰總體而言的。這之間，包括雙腳步法的前進後退與左右挪移時的虛實變化。再來就是手的部分也有虛實，蓄勁為虛，發勁為實，出一個虛招，虛晃一下，沒有實際打出，這是虛，真實的發勁打出而且命中目標，這就是實。腰也有虛實，在動轉纏絲，擰勁將盡是虛，回轉新勁已生為實。胯也有虛實，在預將落插之時為虛，落插到位盡底為實。氣也有虛實之分，吸為虛，吐為實，吸氣是蓄勁，吐氣是發勁；氣若不分虛實，則會形成氣亂、氣滯、氣憋情狀。

另外，二爭力、摺疊、彈抖等等亦有虛實，不再贅述，智者當可說一而知三矣。

在推手及格鬥時，更是處處皆有虛實，包括時間的控制，與空間的身勢之揮灑等等。

所以，虛實的觸角是非常寬廣而深奧的，如果只把虛實侷限於雙腳的比重，就如坐井觀天，只看到一小部分而已，格局太小了。

有了這個觀念，再來談虛實如何分清楚，就比較容易進入狀態。

打拳架時，腳的虛實是有分際的，實腳必須站穩，虛腳邁步時，要以貓步行之，不宜忽略而過，或匆促而過，而且要非常非常的慢與勻的。這之間就牽涉到樁法了，如果樁功穩固，在舉步移動時就會穩如泰山，身形中定平衡而安舒；如果樁功無成，在移步時就會顛顛跛跛的，搖搖晃晃，醜態百出。

某些大師喜歡打低架，表示他的功夫了得，但是在移步時卻往往慌張匆促的掠過，身形擺盪不穩，弄巧成拙。

因此，虛實要分清楚，第一個前提，首重於樁功的養成，萬丈高樓由地起，地基穩固了，才有高樓的建立，否則就成為海市蜃樓。

什麼是「海市蜃樓」？蜃是一種大蛤蜊，古傳說蜃能在海中吐氣，形成城市樓閣，而事實上這是光線折射所造成的虛幻現象。

沒有樁基的拳，都是海市蜃樓，都是虛幻的；沒有樁底的拳，就沒有虛實可言，沒有一就沒有二。

樁功穩固，全身就安定了，身穩，心則定靜，那麼，在移步時，在變換身形時，在變化手法時，才能體靜、氣

定、神閒，才能去默識揣摩虛實的變化，也才有虛實可分。在每個微細的變化當中，都可掌握到虛實的流動過程，自己內心了然虛實的流行變動，每一個剎那的流動變化，都清清潔楚，明明白白的，到了這個時節，才是真正的虛實分清楚了，也才能明白拳經所謂的「虛實宜分清楚」是在說什麼。

「虛實宜分清楚」第二個前提，是慢與勻。

這個「慢」，不是把動作故意的放慢，不是把時間故意的拖延，這些都是屬於「假慢」。在練拳的初階，這些慢，都是假的慢，都是沒有內涵的假意識的慢，也就是說，這個慢是由自己的意識去刻意支配出來的。

那麼，什麼才是真正的慢呢？

「真慢」是內勁成就，沉勁成就，由於腳的暗椿二爭力的行使，引發了明顯的阻力現象，也就是陸地行舟的現象，而呈顯出來的慢、勻、穩、沉的拳韻，它的內涵，有外體身形的穩與內裡丹田氣的沉落。

達到真慢的境地，才會有勻的表現，「慢」是離不開「勻」的。行功心解說：「運勁如抽絲」，抽絲不能快，快則斷；抽絲要慢而勻，才能抽出完整的好絲。所以，抽絲是要運勁的，以前的人，沒有練功夫，但知道運用暗力來抽絲。練過內家功夫，成就了內暗勁，更能理解如何運勁，如何抽絲，如何在慢勻中去運勁、去成就更深層的武功。

太極的某些派系，打拳忽快忽慢，偶爾來個震腳，來個發勁動作，有的全身晃動，身形顛簸，氣喘吁吁，面紅

耳赤，有的氣息不繼，臉面發青。細觀他們的移步，沒有走貓形，都是急快的忽略而過，這都是樁功沒有打好，立基不足的緣故。在這種情形下，如何去分清虛實呢？如何會有「一處有一處虛實」呢？如何能體會「處處總此一虛實」的意涵呢？

總結而言，虛實的分清，就如太極圖的陰陽，是圓而無端的，圓的這邊多一分，別邊就少一分，一邊是慢慢增加，一邊是慢慢減少，這邊實一分，那邊就虛一分，是慢而勻的剎那剎那的流動變更的，都是相等的慢勻的，不可突然變動、不可驟然變動，這個變，自己要交代得很細緻的，很清楚明白的，這才是真正的虛實分清楚；所以，虛實分清楚是自己的自我交代，自己了然於心的。

在虛實能分清楚之後，莫忘了「一處有一處虛實」，更莫忘了「處處總此一虛實」，要全盤照顧，才是真正的分清虛實。

諸君，請細細體會，莫以為我在繞口令。

第二十一章

膝蓋要對準腳尖？

楔子：

甲在網站 PO 了一支太極拳 37 式的影片，乙拳友留言回應說：

「重心在後腳時，膝蓋一定要對準腳尖，重心在前腳，則在足背正上方，否則傷膝啊。」

甲：「感謝指教，兄台可否提供您所演練的相關拳架供參與學習呢？先感謝了。」

乙：「真的抱歉，我的問題還很多，照片跟影片，我都沒照過。但一些心得跟方法，我知道的不少。」

甲：「歡迎主動提供練拳心得與方法，受益拳友，期待之。我私下親自再實驗了好多次，重心在後腳時，只有站的極高時，膝蓋才會對準腳尖，重心在前腳亦同，還有，有時略有超過是為了借勢的一種省力方式。」

乙：「尾閭中正神貫頂，滿身輕利頂頭懸。用意念將尾閭向下沉墜，並向四周擴散，形成氣圈。定式或位移都是如此。重心才下得去。用意念拉起百會，也就是神貫頂，上半身才鬆得開。形成上虛下實中輕靈。」

甲：「這是炒人家的舊飯。」

乙：「我們都是在抄前人的文舊飯，那麼多東西，如何辨別他的好壞。這些理論都是我的師父教我的，我的老

師也是他的老師教他的，所有東西絕對不是憑空而來。現代的傳武能夠保留前人多少心血，都是很大的疑問，何必再標新立異啊？我是沒這個本事，我只有老實練拳。」

甲：「舊飯重炒也要有自己的添料見地，否則還是別人的東西。能老實練拳，才真值得讚嘆。」

乙：「你說的很對，要有自己的東西，但我個人還在吸收還在消化。那你提出更有效率的方法讓我們學習。」

甲：「還是老實練拳吧。」

打拳膝蓋是否要對準腳尖，或者說打拳膝蓋不能超出腳尖，膝蓋超出腳尖就會造成膝傷嗎？這已成為練太極拳者普遍重視的問題，因為練太極拳本來的目的是要健身的，但是很多學者弄到後來都有膝傷的問題，甚至有些名師的膝傷，也是時有所聞的。

如何才能避免膝傷呢？

打拳時，上半身的重量，要落在胯部，然後直落於腳底，讓腳來承載全身的重量；當重心在後腳時，胯部盡量與後腳跟對齊，盡量成一條直線，這樣胯部所承載的體重就會直接落到腳跟去，減少膝蓋承受的力量。

至於重心在前腳時，如前弓後箭步，膝蓋通常是不要超出腳尖的，小腿呈垂直狀態，這樣也能避免前腳受力過大。

但是拳法無定法，拳法是機動而變通的，在應用以及打拳的風格方面，有時膝蓋偶爾是會超過腳尖的，這不僅是無傷大雅，而且有時是必要這樣做的。

　　譬如，太極拳 37 式中的攬雀尾，在「擠式」接「按式」時，不直接後坐前按，我在打這個招式時，會有一個「過門」的動作，就是擠到定點時不會馬上後坐前推，而是丹田一沉，身子微落的繼續向前擠，這時候讓前腳的膝稍微往前一些，透過一個摺疊再折回來，這個動作除了表現丹田氣的起落開合與鼓盪之外，還能增加姿態的流動美感，以及銜接上的貫串而無斷續，呈現綿綿相連的如行雲流水般的順暢感。

　　這個「過門」動作，是我自己打拳的風格，我在打本門 99 式太極，就會加很多「過門」動作，使得式與式之間的銜接，更為流暢與舒坦。

　　打形意也是一樣，譬如劈拳，第一個動作「拔」，我在做這個動作，不會一下子就往下往後拔，我會先用腳的暗勁先作勢向前微踢，透過一個圓弧與摺疊，然後再順勢拔回，這樣不僅達到省力的原則，也使得整個動作更流暢與貫串，不會有一段一段的斷續感覺。這個動作，何妨腳就向前伸一點，即使超過了腳尖又有何關係呢？

　　還有，打拳牽涉到「順勢」的問題，這個「勢」在拳中是極為重要的。「順勢」是「省力」的原則，能「順勢」才能「省力」，才不會消耗體力。

　　我們打拳或推手或格鬥實戰，在使勁之前，先得有一個「勢」，也就是借勢而使力，若無這個「勢」，力量使出來將是孤單的，將是滯笨的。能過借勢，就如順水推舟，事半功倍。

　　太極拳是不用力的，所以要借一個「勢」來完成那個

「架子」以及「勁道」。

這個「勢力」要從腳底而起，由腳及身形的「外勢」與丹田內轉鼓盪的「內勢」，內外相合而成。

孫子兵法說：「湍急的流水迅速的奔瀉而下，能夠把頑石沖走，這是借助於水勢所使然；兇猛的鷙鳥在高空疾速俯衝而下，能捕捉鳥獸使其骨折身毀，這都是由於能掌握攻擊的機勢與節奏。」

孫子兵法又云：「善於作戰的人，所造成的有利態勢，能像轉動圓石從千尺高的山上滾動而下，勢不可擋，這就是兵法上所謂『勢』的要領。」

太極拳，從拳架方面而言，這個「架」是必須借助於「勢」的，如果沒有借「勢」，那個架子就顯得滯礙呆板而不輕靈了。在推手或散打實戰時，若不會「借勢」，就是蠻力鬥牛了。

太極十三勢歌云：「勢勢存心揆用意，得來全不費功夫。」這個「勢勢」涵蓋著拳架的招勢，還有推手、散手中的力勢，若能勢勢存心用意的去忖度、尋伺、衡量，即能輕而易舉，得來全不費工夫，英雄所向無敵了。

打拳是機動的，是分秒在移動變化的，所以，不可能永遠都是膝蓋會對準腳尖的，有時會偏左，有時會偏右，或偏前偏後，這些都是自然現象，若是強求「膝蓋一定要對準腳尖」或「膝蓋不准超越腳尖」，那就會變成機器人，一板一眼的，這樣還有什麼拳味可言呢？所有的拳韻將會被消磨殆盡，成為一個行屍走肉，成為一具殭屍了。

如果固執一法，不知變通，這只是食人唾涎，複印了

人家的東西。練拳若是沒有自己的風格，展現出來的就是一個複製品，沒有藝術價值的。藝術家創作一件作品，如果是千篇一律，都是同一個模子印出來的，那還有什麼值得欣賞的價值呢？

太極拳某些系統，要求嚴格，手腳、方向、角度、重心都有一定的規矩，手高了一點，不行，腳尖沒有對準膝蓋，錯，角度也要用尺來量嗎？這就是矯枉過正。很多人練一套拳，好幾年過去了，老師還在改拳，要改到「至死方休」嗎？這些老師除了改拳之外，還會什麼呢？

這個錯誤的觀念，已經被這個系統的人，深植於心，已經根深柢固，難以去動搖了，甚至也嚴重的影響到某些人了。所以一看見人家打拳，總是要吹毛求疵一番，甚至用不屑的眼神或態度評論一番，「喔，你的手沒有到位」、「喔，你的方向差了」、「喂，你腳尖的角度沒對準膝蓋」……林林總總，不一而足，你能耐何奈他嗎？似乎只有這樣才能顯出他是眼見分明的，表示他是明察秋毫的，讓你知道他是一絲不苟的，他是高你一等的。

有些人喜歡評論別人的拳不好，又不直接點出是哪裡不好，故弄玄機，這樣，他就覺得把你比了下去了，讓人家覺得他是比你高竿的。這些人，事實上是沒有真正的料餡的，只是故意噓一下鼻，故意讓你難堪罷了，以此而來滿足他自個兒的虛榮心。

看到別人有錯謬的論述，或者 PO 上網的影音，有些誇張或誇張過度，是需要勇敢的提出正面而且正確的評論與辨正；若是知謬而不肯勇於論辨，就是一個鄉愿者，就

是一個怯懦者。

佛陀常跟隨外道六師的後面，去摧邪顯正，去破斥外道錯誤的論說，這就是大智大勇，有大智大勇才敢去破斥錯誤的邪說謬論。

玄奘菩薩說：「若不摧邪，難以顯正。」要顯揚佛法的正道，就必須有大智大勇菩薩出來摧邪顯正，讓眾生瞭解正法的真相。

練拳亦復如是，見著不正確之言說，也需要有大勇氣者，出而辨正。

但是，如果只是想呈顯自我的主觀意識或偏見，不分正謬的胡謅一通，又不肯直白的道出人家癥結處，故弄玄虛，這樣反而露現了自己是沒有餡料的。

第二十二章

靜與天籟

靜，是練太極拳的要件之一，所有內家功夫的修煉，也都是要取靜的；心靜則體鬆；心靜體鬆則氣沉，久練則氣斂入於筋骨，終而成就內勁功體。

靜包含心靜與體靜兩方面。心靜指情緒安定，沒有妄想雜念，專注神守。體靜就是全身放鬆，不著一絲拙力，呼吸平穩勻整，氣韻舒沉。

大學曰：「靜而後能安，安而後能慮，慮而後能得。」心靜了，才能安詳平和；然後才能謀慮思維，之後才能得到好的成果。

人們的心，如猿似馬，終日奔騰不息，即使在打拳時，也難有片刻的真正寧靜，稍不留意，妄想雜念就不知不覺的竄進來，然後就如天馬行空，無望無際的想起一些塵封的往事。等你一回神，把意念再度交給拳的時候，已經不能計算自己神遊了多少的過往塵事。

真靜的體現是怎麼樣的一個情況呢？依我個人練拳的體驗，在我真正排除萬念，一心只在拳上的時候，我的耳朵會出現一種「嗯嗯」的聲音，這不是我的幻覺，不是幻音，是一種自然的「天籟」之音。

即使在很吵雜的環境裡，只要心一靜定，不管外頭的聲音有多吵，我依然可以聽到這「嗯嗯」的天籟之音，有

了這個天音，使我的心更安定。所以我就把這個「嗯嗯」的自然天音，作為我入靜的一個方便法門。

當這個天籟之音，消失無蹤時，就表示我的心有了旁騖，我就會警覺的把旁騖的心趕快的抓回來，心靜下來，自然天音就會再度的入耳。

這情景使我想起《楞嚴經》耳根圓通章中，觀世音菩薩的觀音法門：

「入流亡所，所入既寂，動靜二相，了然不生。如是漸增，聞所聞盡，盡聞不住，覺所覺空，空覺極圓，空所空滅，生滅既滅，寂滅現前。」

「入流亡所」：進入法性之流，忘卻了所有的外面聲塵。

「所入即寂」：所有入於耳的聲塵都沉寂了。

「動靜二相，了然不生」：不論是動的或靜的所有的諸相都不會再生起了。

「如是漸增，聞所聞盡」：慢慢的更如此漸漸的增進一步，所有的聽聞之相也都消聲匿跡了。

「盡聞不住」：即使所有的聲相都消聲匿跡了，也不會住於這個安靜的境界裡，有所執著。

「覺所覺空，空覺極圓」：能夠覺得的與所覺得的，都不執著，都空掉了，就是空的極圓境界，也是近於覺悟、開悟的境界。

「空所空滅，生滅既滅，寂滅現前」：覺與空，所有萬相皆滅掉了，生死的真相都明白，真正的寂滅清靜真相才會現前，見到自己的本來面目。

這是觀世音菩薩開悟的法門，從耳根的聞聲去求悟。

我非菩薩，也沒有這個智慧，只是初淺的在自己認為的靜定中，聽聞到非一般聲塵所聞之音，它能使我在練拳當中得到短暫的靜定與輕安，使我能在拳的意境中，與拳對話，與氣對話！

我所體會的靜的樣態，是極慢、極勻、極鬆、極沉、極穩，是真慢、真勻、真鬆、真沉、真穩；不是虛慢、虛勻、虛鬆、虛沉、虛穩，不是假慢、假勻、假鬆、假沉、假穩，這不是在繞口令，正牌的慢、勻、鬆、沉、穩，是內勁功體有了成就，在行拳走架時，因為真正的在運勁的關係，因為有自己營造的二爭力與阻力的關係，以及已然懂得摺疊深義的關係，所行使出來的架勢，才有真正的慢、勻、鬆、沉、穩。

有了拳之功體的成就，行拳走架才能有這些慢、勻、鬆、沉、穩等等的內涵，也才有這份內涵所自然呈顯出來的靜定、祥和與輕安。若沒有拳之功體的成就，那麼就沒有這些慢、勻、鬆、沉、穩等等的內涵，如果勉強擠出一副靜定、祥和與輕安的虛偽神情，看得出來，就是一種造作，就是一種裝模作樣。

拳的至高意境，就是慢、勻、鬆、沉、穩，就是靜定、祥和、輕安、含蓄、圓活、靈氣。

呈顯在人的身上是肅穆、安詳、慈和、篤定，可以瞧見演練者內心深處，如有所思，似有所盼，以及對拳的一種迷醉與尋探和追逐。而四周被連帶感染的氛圍，空氣好似暫時的凝結沒有流動，人們的呼吸好像暫時停止，忘

記了呼吸，地球好像暫時停止轉動。這個靜態，是一種氣場、磁場的互相感應，好像四周的環境，以及整個世界都被這個靜態所包圍影響了。

真正的靜，是太極高峰的呈現，所以在慢、勻、鬆、沉、穩等條件，尚未圓滿成熟之前，這個靜，是不會被感覺出來的，這個靜的氛圍也是不會顯現出來的。

所以說那些震腳、使力發勁、快打太極、脖粗臉青、氣喘吁吁者，皆是違反太極靜定安舒的大原則，都還是屬於低層次的功夫。

佛家說，根塵觸而生識，譬如耳根（耳朵）接觸到外面的聲塵（聲音），才會生起耳識，才能辨識聲音的來源、聲音的大小、聲音的腔調等等。

我所聽到的「嗯嗯」之音，依我的感覺，並無碰觸到外面的聲塵（聲音），所以我想這大概是天上的天籟之音。

宇宙是一個大磁場，人體是一個小磁場，這大小磁場會互相感應，磁源相同就會互相感應。喜歡聽靡靡之音的，那些靡靡之音就會一直餘音繞樑，不絕於耳。喜歡阿彌陀佛的佛樂，阿彌陀佛的佛音也會在耳中響起，心生歡喜，這就是聲音磁場的感應。

常聽人言，練拳可以入道，以拳入道。

聽這天籟之音，是否也是一個入靜、入道的門，值得我去嘗試追尋。

胯要轉正

「腰為主宰」，這是拳譜中重要的一句話，也是現在練拳者的老生常談，可見「腰」在拳術中的重要地位，尤其太極系統，更是把腰奉為練拳之首要了。

事實上，說到拳譜中的「腰」，是涵蓋了「胯」的；沒有胯，就沒有腰，胯不轉動，腰亦無輒，胯才是腰的動源。所以腰胯是一個登對，是一對連體嬰，無法分割的，一分割了，非殘即傷。

那麼，拳譜上為什麼只談腰而不說胯呢？這大概是由於中國人「好簡」成性的關係，喜愛一切從簡；加上文言的語體，更是簡中之簡。所以讀經看論，必須舉一反三，看一而知二，莫依字而解義。

胯，在腰與腿之間。太極的運勁、發勁，是其根在腳的，是發於腿的，是主宰於胯腰的，然後才形於手，完成一個整勁，這是勁道運行的一個完整通道，也是必經的一座橋樑。

腳打了一個暗樁，將勁道透過膝蓋，回饋到胯部及腰部。所以，胯不鬆，在這邊就會形成斷勁現象，阻礙了勁路的通行，而徒費力氣，白幹一場。

在化勁的時候亦同，胯一落、一鬆、一沉，無形中就化去了來力，不必在那邊左搖右晃，前俯後仰，歪七扭八

的。

　　鬆、沉、落是高手的走化方式，左搖右晃、前俯後仰、歪七扭八是小丑的跳樑把式，不值一顧。

　　跨的活動，由互相關連的髖骨、恥骨、盆骨及周圍的韌帶、筋脈等組合而成，因此，這些關連部位的組織，都須透過特別訓練，才能真正的讓兩胯伸開、拔開、鬆開，使得周圍的韌帶、筋膜、經脈等等都得到氣的滋養，增加兩胯的彈性與機動性，這是練拳所必須特別注意與要求的。

　　所以，在基本功的操練當中，是需要有開胯、落胯、插胯、鬆胯等等練習的，務必要把胯腰周圍的大筋、小筋都拉開，使得這些筋富有拉力、彈性，而成就胯的機動性、靈敏性。

　　這些練法包含劈腿開胯、站樁落胯。站形意三體式樁，有落胯、插胯、鬆胯等效果，也能令氣沉於丹田及腳根。

　　另外，練雙盤腿的靜坐式，也可讓胯鬆開，這個式，要練到雙盤腿平臥，能使大腿及膝蓋密貼於地面，才算合格。

　　胯，在拳架的運行當中，是必須轉正的，胯正了，尾閭稍為往前一縮，身形就中正了。

　　太極行功心解說：「立身須中正安舒，支撐八面。」胯擺正了，身也就正了，立身中正了，自然能穩固重心，支撐八面。

　　太極十三式歌云：「尾閭中正神貫頂。」尾閭的中

正，當然先求胯的擺正，胯正了，尾閭也中正了，自然就會神貫頂。

因此，胯的正與否，攸關尾閭的中正，及全身的中正。身形中正則重心平穩中定，可以支撐八面，身心安和舒適。

胯先能正，而後能活，胯活了，那麼全身就都活了，為什麼這樣說呢？

因為胯，上連腰脊，下接兩腿，胯一活，則身法、步法、手法就連貫的活起來，機靈起來。透過樁功的成就，會運樁，也會打樁了，還有透過二爭力、阻力及摺疊的技法之嫻熟，胯及腰就會有Ｑ彈的效果生出來，所有的崩彈勁、螺旋勁也將慢慢的成就。

還有，循胯而上，連接的脊背，也會起到正面的良性結合。

脊背，關聯著運勁及發勁的貫串與完整，要互相連結才能有整勁的效果。行功心解說：「牽動往來氣貼背，斂入脊骨。」氣斂入了脊骨，就是內勁的能源。

氣要斂入脊骨，先要氣貼背。氣貼背則需牽動往來，牽動往來則靠腿胯來牽動，藉這個往來的牽動，往復的摺疊，令氣騰然，終而斂入脊骨，成就內勁。

胯的正，涵蓋「落插」與「方位」。

「落插」，就是胯溝要直落、下插，使丹田氣易於沉墜於胯部，及利於順勢落沉於腳底，有助於腳樁的安穩。

「方位」是常常被疏忽的，包括一些名師也容易失顧，造成胯位的不正。譬如，太極的單鞭，如果它的身

形、面向是向東的話，那麼，雙胯就要平正的對正東面。很多人包括一些名師的拳照，打這單鞭，在面向東邊的時候，胯是對著東南方向的，這會有一個缺點，就是胯不能落插下去，氣也沉不下去，虛虛浮浮的，也是站不平穩的。

太極拳經說：「向前退後，乃能得機得勢；有不得機得勢處，身便散亂，其病必於腰腿求之。」

腰腿之間就是胯，所以也需要於腰腿之間的胯去求之的，筆者以為，確實是要從胯去求之的。何以故？因為腰的活動是受胯所支配的，胯不動，則腰不能動，這是可以實際去體驗而得到證實。

拳經說，胯腰如果活了，那麼，在身形前進後退或左挪右移時，就能得機得勢。機，是時間；勢，是空間。時間與空間都能掌握得宜，在進退挪移之間，就能活絡機動的掌握機勢，而得到勝算。

如果不能夠能得到機勢的話，身形就會散漫雜亂；有了這個缺失毛病，就必須由腰胯腿來尋求解決的方法。

當腳根的基樁，在運勁及發勁之時，是經由腿循上而達於胯的，這胯如果沒有中正與落插，那麼腳樁的勁力，就推不到胯的根部，腳根與胯根不能互相撐持，二爭力就使不上，連帶所有的摺疊、擰轉、彈抖，都會一併的無法發揮作用，就會形成斷勁現象，無法貫串，無法完整一氣，達不到整勁效果。

綜上而知，胯的正與否，攸關身形的穩定、活絡與機動變化；從技擊上而言，胯的中正落插，與穩定、活絡、

機動變化，是推手及格鬥實戰時的關鍵要件。

　　從小處可觀察一個人拳練得好不好，功夫實在不實在，從胯位的中正與落插，可以略知而概全了。

- 形意劈拳練法如推山，
  由後向前緩緩地推進。
- 打法則要快速蹬步打樁，如劈柴一般，
  一下就要劈成兩半，靠的是一股脆勁。

第二十四章

明暗有別

形意拳的明勁與暗勁的練法是有別的。

明勁階段的練法，蹬步要大，速度要快，出手要整，上下相隨，手要與腳同步，不局部使拙力；神形要意氣風發，要雄壯威武，豪邁大方，要如追風趕月一般，閃電疾快的。

這是屬於相似「外練筋骨皮」階段，須先勞其筋骨，苦其心志。忍過這段的微苦，才算完成一個初胚，但不表示「明勁」已然成就。

暗勁階段的練習，是練意、練氣，練靜定、鬆柔、慢勻等等，是修煉「斂氣入骨」，匯聚內勁能量的階段。

所以，此階段的練習，是比太極更太極的，比太極的慢更慢的，是比太極更鬆柔與勻整的。

但是，形意暗勁的練法，似乎比較少看到有人在練，公園裡或網路上的影音所播放的都是「明勁」練法，但往往把明勁練成外家打法，使盡吃奶之力，或只是出手的局部力，看在方家眼裡，不禁為形意叫屈，形意已然被扭曲變形。

有人打形意，不明不暗，不快不慢，不剛不柔、不死不活，成為四不像，這是形意的悲哀。

有人看到我們社團 PO 出形意暗勁的練法，回應說：

「剛柔合一才叫暗勁」，他認為打形意要有剛有柔，剛柔合一才叫暗勁，我們尊重他的見解，默然不辯，若是辯了，也無交集，也不會有結果，主觀之見已根深柢固，無法動搖的。

為什麼叫「暗勁」？在內的，不明顯的，看不見的，就是「暗」。

「暗勁」練習，看不見劍拔弩張，看不見青筋暴露，看不見氣喘吁吁，看不見你在使力。但是卻在暗中伸筋拔骨，在暗中施行二爭力，在暗中運行暗樁，在暗中抽絲運勁，在那邊運勁如開弓，在那邊運勁如百煉鋼的。

暗勁從外形只會看到安舒飄逸，神態自若，內觀返視，默識揣摩，如有所思……此時的「暗勁」，與「剛勁」是脫離，完全是棄剛就柔的。

若一味的主張打拳要「剛柔並濟」或主觀的認定「剛柔合一才叫暗勁」，這些皆是不識形意者。剛柔並濟只有在打套路時才會出現的。個別的練法，則剛是剛，柔是柔；明是明，暗是暗的，是明暗分別的，是要分開來練習的。

形意明家謂：形意三階段，明勁、暗勁、化勁，逐級而練，循序漸進，方有可成。

如果明暗不分，練法不明，而強出頭曰：「剛柔合一才叫暗勁。」就會貽笑方家，而不自知矣，淪為「誠可憐憫」之人。

第二十五章

轉骨輪與摺疊

什麼是「**摺疊**」？我們先看名家們怎麼說：

熊養和《太極拳釋義》：「摺疊，乃是手臂相沾，互相翻覆，虛實因以轉變。俗云：翻雲覆雨，就是摺疊的變相。」

董英傑《太極拳釋義》：「與人對敵或來或往，摺疊即曲肘彎肱之式，摺背敵其身手，此係近身使用法，離遠無用，進退不要泥一式，須有轉換隨機變化也。」

陳微明：「摺疊者，亦變虛實也。其所變之虛實，最為細微。太極接勁，往往用摺疊，外面看似未動，而其內已有摺疊。」

李亦畬《打手要言》：「往復須有摺疊，所謂因敵變化示神奇也，往復須分陰陽，機由己發，力從人借。」

綜觀名家之言，把行功心解所謂的摺疊，都指稱於「用」法一隅，都偏向於虛實的轉換。

熊養和所說的：「摺疊，乃是手臂相沾，互相翻覆」，這沒說對。董英傑把「摺疊」侷限於曲肘彎肱，太狹隘。陳微明也是把摺疊侷限於接勁的變化虛實。李亦畬解釋摺疊為分陰陽。諸大師們都沒有把摺疊說得很完整、明白。

　　事實上，摺疊是涵蓋了「體」的練法的。如果用肢體的練法來詮釋，反而更容易讓人明白「摺疊」之意涵的。

　　我們的肢體，各個關節，皆能活動，都可以往復的來回活動，於來去往復之間，各個關節，在前節去而折回，後節緊接而來，就會發生一個對撞折衝，就如海浪一般，後浪推前浪，前浪折回，與後浪產生折衝對撞，引生了一個衝擊力道，驚濤駭浪由此而生。人體每一個關節，都是一個浪，都有摺疊效果，如果能善用這個摺疊概念，對於內家拳的修煉，是有正面的利益的。

　　我們練拳，當然不是在求各關節的對撞，而是依靠這個前關節的折返，與後關節的推擠壓縮，產生更強烈的氣場，也藉此而增加運勁與發勁的效果。

　　摺疊的變相，不是「翻雲覆雨」，翻雲覆雨它的原意，是用來比喻為人做事的反覆無常，也引申處事的玩弄手段，極其翻天覆地的行事格調，或用來形容男女之間的床笫之事。

　　摺疊不是大師所說的手臂相沾，互相翻覆；摺疊用「翻雲覆雨」來形容它的變相，似乎是不妥的。

　　摺疊的變相有：甩毛巾、甩鞭、十字迴旋弓、彈簧圈、沖天炮的氣沖、撐竿跳、射箭、彩帶舞，海豚游水、洗衣機旋轉洗清理論等等，它們所引生的動作，都含有摺疊的意味。

　　洗衣機在洗清階段，一下子是順時鐘方向，一下子是逆時鐘方向，左右的旋轉折衝清洗，使得污水更容易脫清，這是道地的摺疊變相。

　　我們的脊柱，是一個軸，一個圓軸，我們站立打拳的時候，這個脊軸能左右旋轉，由雙腿及腰胯來帶動旋轉，這跟洗衣機的洗清左右旋轉，道理是相同的。

　　海浪理論及洗衣機理論，我把它們拿來作為摺疊的喻論，這是我的創見與發明，應當申請專利。

　　「打樁」，是不是一種摺疊？當然是的，樁往下一打，它也是有往復的，有一個回饋的暗勁力道會回傳上來，這是上下的摺疊。腰的左右彈抖，是不是一種摺疊？當然是的，這是一種左右的摺疊。智者當可舉一反三，不必再細述贅言了。

　　用台灣話「轉骨輪」來詮釋「摺疊」，或許會簡單明白些。

　　我們的骨關節，都是由兩組骨輪連接而成，中間有軟骨，周圍有韌帶、筋膜等包覆著，由於這些組織的互相配合，使得關節能彎、能折、能轉，能做各種活動。

　　很多運動都是要「轉骨輪」，最明顯的就是「吊環」或稱「雙環」，這在奧運競賽當中就可以觀賞到，其中的肩關節的轉折，更是令人嘆為觀止的。由於筋膜與韌帶的伸縮彈性作用，使得骨輪的轉折順遂不會受到傷害。

　　太極拳賢輩，將這個「摺疊」理論，將這個「轉骨輪」理論引入拳中，使得後輩習拳者，有了一個遵循的方向，很多具有「夙慧」的智者，依此而練出內家絕妙功夫。有些則誤入歧途，把「摺疊」二字悟錯，偏離了拳意，功夫就上不了手，令人遺憾。

　　有些「拳師」錯會拳理，誤解拳意，自以為是，出書

釋義，或在網路上，口沫橫飛，洋洋得意，大談「摺疊」理論，誤己誤人。

「摺疊」理論，事實上很簡單，幾句話就可以說清楚，講明白。

拳中所謂的「摺疊」就是「關節」或是說「骨輪」的一種折衝加壓活動，它雖然涵蓋了練「體」與練「用」，但大致上，是比較偏重於練體而言的。為什麼如是說呢？因為行功心解是這樣講的「往復須有摺疊」，往復，就是來來去去，來而復去，去而復返。就像海浪，後浪推前浪，一波一波，前浪去了又折回來，後浪不斷的與前浪互相折撞，產生一層一層的洶湧波濤，這浪濤拍岸力道是令人驚嘆的。

我們打太極拳，也是不停的往復來回的，由腳而腿而腰而手，一節催動一節，由下而上，腳是先行動的，手是最後到達的。

譬如太極攬雀尾中的雙按，當手還在向前推動時（往），腳已經開始向後坐回（返），在一往一復當中，骨輪與骨輪之間，就會有一個折衝，或說是一個互相的壓擠，或一個相互的分開拉扯。這個折回壓擠與分開拉扯，它有加壓及伸展兩個作用，這兩個作用能使得我們的筋脈、骨節注入更強烈的氣場，久練而斂氣入於筋脈與骨骼之內，成就內勁質量。而且可以增進筋脈的彈力與機動性，這是練功體的方面。

打拳架，是不斷的往復來回的，所以太極行功心解所謂的「往復須有摺疊」，是指拳架練體而言的成份比較

多。

我再拿行功心解的一段話來加強我這個立論。行功心解說：「牽動往來，氣貼背，斂入脊骨。」這句話是為前面的那句「往復須有摺疊」作加註及補充，也算是一種強調。「牽動往來」與「往復摺疊」是異詞同工，意思是相同的。打太極拳，都是往往復復，來來返返的牽動著身體及四肢，有牽動往來，就會有摺疊現象產生，也因為有摺疊的關係而產生加壓效果，使得體內氣場的運轉更強烈，起到騰然作用，氣騰然之後，就可以斂入脊骨，成為內勁質量。

我引經據典來證明行功心解所謂的「往復須有摺疊」，這摺疊是指練「體」為大方向的，雖然摺疊也有「用」的作用，但是如果依經典之擺陳及深入的去理解，它鋪陳太極拳修煉「體」的方面是微多的，這是我的看法，還得請明家來為我作勘驗。

至於在「用」的方面，當然也是有摺疊的運用的。譬如，對方用力雙按攻擊而來，我只要胯一個沉折，就可化去來力，如果化後順勢回打，這就是一個摺疊的完整動作；若是只化而不回打，這樣只能算是一個「摺」，因為沒有回打，就沒有「疊」，沒有疊回去。所以摺疊的「用」，在推手或技擊方面，有時就只有單方的「往」或「復」，不會有往復的連動。

所以，我才會主張，這個「摺疊」是偏指打拳練體的方面比較多的，與大師們的釋義偏於虛實方面的運用，是有一些不同的看法的。

　　摺疊轉骨輪，在用的方面，不限於手臂肩、肘的摺疊與轉輪，腰、胯、脊、膝、踝等骨輪的折轉，都是要去互相配合連動的，這些骨輪是一個整體，是不能分割離析的。因此，摺疊在用法中似乎不宜限定於曲肘彎肱之式，或摺背敵之身手而已。

　　還有，我們在出拳做攻擊動作時，手臂如果是直接直拳而出，速度是不會快的；如果能配合腳的打樁而引生腰胯及肩肘等關節的快速摺疊與附加出來的快速彈抖，那麼這個拳打擊出去，才會有驚人的閃電疾速與瞬間的爆發力道。

　　肢體外層的摺疊，不足為奇，丹田氣的摺疊，才是神妙而令人稱奇讚嘆的。丹田氣在丹田氣囊中，是一種內轉與鼓盪，所以當然也有往復摺疊的現象，但丹田氣的摺疊，只有上了層次水準的練家子，才能理解與敘述的。

　　高手的化勁，只是丹田氣的一個轉折，這是內在的氣的摺疊，你看不到他在那邊曲肘彎肱，或折腰轉胯。

　　身形關節的摺疊走化，與丹田氣的摺疊虛實神變，兩者相比，實有天淵之別的。

　　筆者曾在我的書中及網路上，提出前大師們對摺疊論述的不同見解，並請教其現在的嫡傳弟子，但都沒有得到正面的回應，這是否顯示其先師出書釋義，發生偏差或謬誤，不得而知。但各自的立論，有待日後真正的「明師」出現，說出能讓人心服口服的解釋，這將是一件值得拭目以待的拳事。

第二十六章

對《太極拳理傳真》之拙見

　　《太極拳理傳真》的作者張義敬先生，是鄭曼青大師最推崇的師兄李雅軒大師的傳人。張先生的《太極拳理傳真》1986 年在大陸出版，經過鄭曼青大師的得意弟子羅邦禎先生大力推薦，寫了一篇長文介紹此書，發表於高雄市太極拳雜誌第 54 期。事後並徵得作者的同意，於 1989 年在台灣的台北代為印行《太極拳理傳真》，此書依作者說，很快的走向亞洲及世界；在台灣學拳者幾乎人手一冊，成了他們的太極拳教科書。

　　筆者當時也買了上、下集各一本。當時因為對太極拳還沒有很深入的理解，對張義敬先生書中所言，是非常崇拜與敬仰的。

　　近日整理書櫃，把張義敬先生的《太極拳理傳真》重新再閱讀一遍，對他的某些見解，有一些不同的看法，提供出來讓大家參考，也期望能得到明家的指教。

一、關於含胸拔背

　　在《太極拳理傳真》第 80 頁謂：「含胸拔背，這一條規則，最易為人所誤解，如只從字面上理解，很易前凹後凸，形成駝背。這明顯地與立身中正相矛盾。須知含胸是屬於化勁的動作，不是始終不變的姿勢。拔背的拔，

是向上拔的意思。所以雅軒老師是將這含胸拔背，稱為頂頭拔背，將拔背與頂頭聯繫起來，這就避免了要『練成駝背』的誤解。」

我們先來看他的李雅軒老師怎麼談論這個「含胸拔背」。

在《傳真》第25、26頁：「我的看法，含胸拔背這一條規矩，也不可強調，不然也會練不出很自然的功夫來。含胸拔背這句話，老論上沒有。這是形意拳、八卦拳上的規矩，因為陳微明早先跟孫祿堂練過一段時間的形意拳，後來才跟楊老師學太極拳。陳著的太極拳書上，有太極拳十要，把老論上的些話，反正的說了一些，又添了這句含胸拔背。以後練太極拳的人，以為這句話與太極拳也無妨礙，作書的也將這話沿用了，從此就成了練太極拳的規矩了。其實，不是那回事，所以我今告訴你們，對這句話不要過分地強調，如強調了，就脫離了自然。太極拳是以端正為主要的基礎。在這種基礎上，胸腰背脊為了動作的需要，是有時含、有時挺、有時凸、有時凹。這是身勢動態，不能抓著這個含字，就說非含不可，成了規矩。」

張義敬先生受到雅軒師的影響，也是不贊成含胸拔背的。

愚見以為：讀經看論不宜「只從字面上理解」，而是需要全面性的去深入研討的。

背微往後拔，胸就自然的含圓了；含胸與拔背是相輔而成的，含字通涵，有包容涵蓄之意，也有束身裹勁之意，使得身勢不外突露，涵著內勁，使之不向外散漫，有

集氣聚勁之效果。

含，是包含，是微含，不是凹陷，含的用意只是不讓內氣向外顯露張揚宣洩，含，可把內勁束集而不散落。

圓背不是駝背，所以不會有彎腰駝背的現象，也不會與立身中正相矛盾。圓背有助於「氣貼背」，行功心解說：「牽動往來氣貼背，斂入脊骨。」所以，圓背是氣貼背的一種方便。

含胸拔背只是一個原則，不是從頭到尾都要含胸拔背，它會隨著身勢的變化而有所改變，是一種虛實的活化調整。

所以，含胸不是侷限的「屬於化勁的動作」，它「不是始終不變的姿勢」，這句話張先生講對了。如果把「含胸拔背」視為「彎腰駝背」或者說它會導致「彎腰駝背」，那麼張先生說「含胸是屬於化勁的動作」，依此邏輯，是不是在「化勁」之時，就可以「彎腰駝背」了嗎？兩相比對之下，是否有些互相矛盾的語病呢？

拔，不是背真的向上拔，背怎能向上拔能？向上拔豈不是變成聳肩了嗎？太極拳一向是主張「沉肩墜肘」的，背往上拔，肩一定會向上聳的。

太極拳很多「名師」都說背要往上拔，你去實地拔拔看，看看肩膀會不會連帶的往上聳起來？背的上拔，事實上是虛領頂勁，頂頭懸時由於意之領動，所引生的背的拔長感覺。

雅軒老師將這含胸拔背，稱為頂頭拔背。頂頭的意思是頂頭懸之意，頂頭懸是正確的，但背、肩不宜聳起，只

能以意領氣向上懸提。

雅軒師主張不要過分地強調含胸拔背，是正確的，因為在盤拳時，是時時在往復牽動的，身形架勢是不停的在轉化變動的，所以不是從頭到尾都是要保持含胸拔背的，該含則含，應拔則拔，庶幾合乎中道矣。

真正地瞭解了「含胸拔背」的意涵，不會有「練成駝背」的誤解。

含胸拔背一語，李雅宣的師傅楊澄甫先生在他著作的《拳術十要》中說：「涵胸者，胸略內涵，使氣沉於丹田也。胸忌挺出，挺出則氣擁胸際，上重下輕，腳跟易於浮起。拔背者，氣貼於背也。能涵胸，則能拔背，能拔背，則能力由脊發，所向無敵也。」

由這段話，可見李雅軒的師傅楊澄甫先生是認同含胸拔背的，而楊澄甫的徒弟李雅軒及李雅軒的徒弟張義敬，卻持不同的看法，這是否會讓人覺得徒子徒孫打了一記師傅的臉呢？

二、關於內家三拳，形意、八卦、太極

《太極拳理傳真》第35頁（雅軒老師書信摘錄）：「以前的人，都是初學形意，後看見八卦好，又學八卦，最後有拳術的知識了，知道了太極拳好，又傾心於太極拳。從來未聽說練太極已入了門，而學八卦或形意的人。」

李亞軒與張義敬師徒，一向反對主觀意識，在《太極拳理傳真》一書中，張義敬先生一直駁斥主觀意識。然而

　　張義敬先生對雅軒老師書摘所言自讚排他之論述，顯然是極力讚許的，不知這個說法，是否也落入了他自己所主張的主觀主義？

　　形意、八卦、太極，被列為內家三拳，雖然招式練法各異，然其斂氣求勁的目標，是相同的，其成效也是殊途同歸的。

　　內家明師孫祿堂前輩，精練形意、八卦、太極，成績斐然，是後輩習拳者的典範。王樹金大師也精練形意、八卦、太極，響譽亞洲日本及國際。

　　三家拳法，各有優點，練拳者宜取長補短，去蕪存菁，功夫則可增上也。若以先入為主之觀念，認為自宗為好，餘家不為妙，這是自己的知見上的偏差。

　　在《太極拳理傳真續集》第15頁，張義敬先生說：「人是主觀的動物，要克服主觀、好勝的心思，並非易事。從學太極拳的角度看，主觀、好勝都是惡劣行徑，是劣根性，是學習推手的極大障礙。」

　　這一段話雖是指推手而言，然而套在為人處事的態度上，意涵是相同的。認為自家好，貶低他家，就是自己優越感上的主觀意識作祟，就是好勝的心思作祟，這是否也算是一種惡劣行徑，是一種劣根性呢？

　　形意，代有高人出，都是實戰的高手，而且文才武略兼備，修養品德皆全。

　　神拳李洛能，對於形意拳的道理，無微不至，每與人較技，無不隨心所欲，手到成功，人稱「神拳李」。

　　郭雲深半步崩拳，打遍天下無敵手，盡人皆知。

還有單刀李存義、尚雲祥、王薌齋、李仲軒（逝世的武林述作者）等，都是武林奇才。

八卦董海川，拳術、劍術皆是登峰造極，居常跏趺靜坐，行止坐臥，動作之際，變化之神妙，非常人所能測，武功已入化境。

程廷華，人稱眼鏡程，繼承了董海川的八卦掌，現今的程氏八卦，由其傳承下來。

太極拳由楊露禪及陳氏發揚，流傳至今，已然成為全民運動，是一個講求鬆柔不用力的健身與技擊的運動。太極拳在鬆柔的練法當中，是否還有不為人知的練法，知者甚少。

然而，據傳，楊氏第二代，練拳練到想自殺及逃家，可見太極也是應當有苦練的一面。是否如李雅軒及其徒張義敬所極力推崇的「大鬆大軟」就可以練得高妙的神功，可能還需熟諳太極「奧秘」之明師，出而示知了。

據傳，楊○侯有一個自殺事件：在陳微明的海雲樓集中有明確記載，楊○侯為什麼自殺呢？是因為有幾位國術館的教師透過李○林約好了楊○侯，要與楊進行一場切磋交流。當時楊已68歲，真打起來似乎有些力不從心。由於答應李的事又不好回絕，為了保全楊家太極的名聲，於是選擇了自殺成仁。這是一樁武林軼事，是否真實，有待考證？

我為什麼要提這個軼聞？並不是想吐槽太極拳，事實上內家三拳皆好，就看你怎麼練。但是絕對不要自己心存主觀，認為我的才好，他的不妙；自個心存主觀，而說他

人主觀。

三、關於坐腕

張義敬先生的《太極拳理傳真》第80頁說：「查太極拳拳譜，找不到坐腕的根據。有的人總喜歡將其它的功夫、勁道，硬塞進太極拳中來，還認為這是改良，坐腕即其一例。有些人很強調坐腕，甚至將手腕上翹，與下臂形成直角。由於這樣做的結果，下臂、手腕與手掌就完全僵直，喪失了手上的靈敏感覺，推手時聽勁既不靈，也易被人借力。……所以雅軒老師教拳時，對手上的要求，只做到手掌、手指自然伸張，手腕微有上翹的意思即可。」

張義敬先生與他的雅軒老師，極力主張練太極拳要大鬆大軟，不可以用力，那麼，「手腕微有上翹的意思」是否符合大鬆大軟不用力的原則呢？如果是大鬆大軟不用力，就是連「微有上翹的意思」都不能有的。要像鄭曼青大師所提倡的「美人手」，手指與腕要平直自然伸出，不能有絲毫的彎曲。

鄭曼青的「美人手」，經過他的傳人鞠鴻賓在高雄的弘傳，已經成為一個系統，把「美人手」奉為練拳的聖旨與座右銘，已經成為他們一系的招牌菜。

美人手，強調手掌平直不用力，手筋不浮，一點也不能彎曲，要顯現柔弱無力之狀態。

「美人手」在打拳架時，這樣要求，似乎無可厚非，但在推手或格鬥做雙按發人時，是無法施展「美人手」的，兩手平直柔軟，如何發人呢？在利用按掌的使法中，

是不能施展「美人手」的，一定要坐腕的。

　　腕，是手掌的根，用掌發勁打人，要靠這個根做為依靠，所謂「腕坐而有根」之謂也。

　　「坐腕」，不是直力翹指，而是暗藏內勁在腕與掌指之中，是曲蓄而有餘的，是一種暗勁的呈現。

　　太極拳的鬆是必要的，但鬆的目的在於輕靈，不是教人手指直直的，一點靈氣也沒有。

　　在拳架的運使當中，雙手按出去並非都是「美人手」的，在運勁當中，以「坐腕」來表現它的掌勢。

　　拳架中的「手」，該直則直，該坐則坐，配合氣勁的運行，而有不同的變化。

　　在推手及散打之中，手的靈活機動相當重要，要靈活而有勁道，尤其是指、掌與腕部的轉換，必須是神靈活現的，這樣才能黏隨對方，掌控對方。

　　「掌控」對方並非「美人手」所能做到的，必須靠著指、掌、腕的靈活巧變，才能「應敵變化示神奇」，否則將會變成「挨打的架子」。

　　如果主張手要平直，才能氣達指尖；如果認為坐腕就是僵直，如果這個邏輯能成立的話，那麼「坐胯」這檔事，又該如何解釋呢？「曲膝」又該如何解釋呢？「垂肘」又該如何解釋呢？

　　如果依手要平直的邏輯，那麼，胯是否也要直直的，不需要「落胯」，不需要「坐胯」了？

　　在太極拳譜中，也找不到「坐胯」的字眼，但練習太極者皆知，坐胯是必要的，坐胯才能氣沉丹田，坐胯才能

使全身的重量沉入腳底，令重心穩固。

如果依手要平直的邏輯，那麼，胯也要直直的，膝也要直直的，肘也要直直的，這樣豈不是變成了機器人？變成殭屍了嗎？

張義敬先生在書中，處處要求打拳要機靈，推手要輕靈，如果依他的主張，手掌須平直，不得彎曲，不得坐腕，這樣能機靈與輕靈嗎？

事實上，「坐腕」是一種腕部的拉筋伸展動作，要把這腕周圍的筋拉開，才能達到鬆腕的境地，腕筋鬆開了，氣才能挹注到腕關節裡頭，在腕部彎折時，才不會受傷或疼痛；而且在用掌發勁時，才能有根，才能有依靠，因為腕是掌的根。

張義敬先生及李雅軒師大力提倡「大鬆大軟」，但是「鬆」是什麼？全身都不用力就是鬆嗎？非也，那是鬆懈、鬆散，不是真鬆。

真鬆是筋脈全部鬆開，而且注入了內氣，使得筋脈與關節都得到內氣的滋養，產生了機動而靈活的效果，這才是真正的鬆，這些東西都有了，再來談「大鬆大軟」才會有立場，否則都還是空洞的白話。

下面這篇文章是否值得閱讀，把它截錄下來供大家參考：

論太極的坐腕（https://tieba.baidu.com/p/304907511）：

‧奇怪的青筋不露女士

有一次，一位中年女士，很細心地看我在清晨的山

邊公園裏練太極拳，她觀察了好一段時間，最後她幾乎無法容忍地走過來，打斷我的練習說：「這位先生，你的手掌完全不正確，太極拳的手掌不可以坐腕，應該要青筋不露，你的手掌太僵硬了，不是太極拳！」她作出一個手掌幾近平掌的俯掌動作，並且很慎重地告訴我說，這個動作才對，才是真正的太極拳。

・堅持青筋不露，卻完全不鬆

結果我測試她的手臂，她的兩手臂就像生鏽的機器一樣，完全沒有鬆開；而她的手掌，在俯掌時只要指尖微微上翹，整個手腕便僵硬起來，我幾乎毫不用力地，將她的手掌輕輕反折一按，她便哀哀大叫起來。

・坐腕不痛，坐腕大鬆是基礎功夫

我覺得十分有趣，練成像她這樣絲毫無法抵抗擒拿的手掌，到底要幹什麼？武者的雙掌為了消除被對手擒拿的劇痛，入門時就要練成「坐腕不痛、坐腕大鬆」的基本功夫，如此才能在萬一手腕被敵人擒拿壓制時，為自己爭取到瞬間反制的機會。如果作不到這點，而高談掌法，根本是捨本逐末的盲目之舉。

・自己不行，也不准別人坐腕

經過我仔細詢問，才發現原來她們的太極拳社團，從來不作腕部反擒拿的鍛鍊，和她一起練太極拳的人，上至教練，下至學員，根本連手掌的坐腕拉筋都不曾練習。我終於明白，並且啞然失笑；原來她的教練們全都因為腕筋不開，坐腕時手部便會僵硬，便教導弟子們手掌不能有任何坐腕的動作，連一點點坐腕都不行。最後他們打太極拳

時，只能作出接近平掌的動作。

他們一代傳一代，越來越堅持自己的信念，最後甚至用這種幾近平掌的掌法作為標準，來批評別人的太極拳是假太極拳。

・坐腕成近九十度時，仍能完全放鬆

後來我把手腕給那位女士測試，她才很驚訝地發現，我的手腕在坐腕成近九十度時，仍能完全放鬆，並且受壓制超過九十度時不會疼痛。

至此她才半信半疑地相信我打的是太極拳，而且連坐腕時都比她的平掌還要鬆柔。

・坐腕不鬆才是假太極

太極拳不是自己作不到的便說不可以，更不是自己作不到的便說別人是錯誤。太極拳是為了達到武術的戰鬥目的，經過正確的長期訓練，而作到一般人無法作出的動作，這才是功夫的真義。

一般初學太極拳的老先生老太太，根本無法作出坐腕放鬆的動作，平掌放鬆對他們而言，便已經是出神入化的神功了。對這些老先生老太太們而言，稍稍坐腕便是不可原諒的天大錯誤。但是以一個透過腕部長期開筋鍛鍊的太極武者而言，即使近九十度坐腕，也能完全放鬆，這根本不是什麼稀奇之事。甚至有些人天生異稟，稍稍鍛鍊，手指就可以反折碰到小臂呢！

對真正太極武者而言，作不到近九十度坐腕放鬆才是天大的笑話，才是幼稚可笑的假太極拳呢！

四、要不要借地之力？

張義敬先生的《太極拳理傳真續集》第 105 頁說：「借力，是指借對方的力，為我所用。而不是借地之力，如果說發勁之時，要借地之力，這不能稱為太極拳的妙處。因為任何拳術，都是要借地之力的。我們沒有孫行者的本事，可以隨意在天空中打鬥。」

張先生對於「借力」只贊同「借對方的力」，故認為在「發勁之時，借地之力，不能稱為太極拳的妙處。」

張先生說「任何拳術都是要借地之力的」，這話正確，但不能說：「要借地之力，不能稱為太極拳的妙處」。

知道發勁要借地之力，以及知道如何借地之力，才是一個深諳太極的武者。

・借力的方式有三種

第一種，借地之力或借物之力。站著是借地之力，坐著是借椅之力，躺著是借床或地之力。

借地之力，牽涉到椿法。椿法有了成就，還要會運椿與打椿，這樣才能借地之力。

在打太極拳架時，要會運椿，運「暗椿」去催動地面深層，這就是拳經所謂的「其根在腳」，這個「暗椿」運壓下去，一股反彈的回饋力，由腳根回傳到腿，而腰，而手。

在發勁時，也是如此，利用丹田氣的瞬間鼓盪爆破力去打椿，若沒有利用丹田氣的瞬間鼓盪作用去打椿，這不

是發勁，是屬於拙力的範圍。所以，打拳架或發勁都是要借地之力的，不光只有「借人之力」而已，在「借對方的力為我所用」時，還是要借地之力的。

第二種，借自己之力。借己之力，免不了牽涉到借地及借物之力。

借己之力，譬如，太極拳架中的擺蓮腳，右腳往上舉時，丹田氣要運入左腳，令左腳借地力去打一個慢板的暗椿，借地力引生的反彈力，同時擰動腰胯，順勢把右腳輕鬆的舉起來。

又譬如，打形意劈拳「下拔上鑽」這個動作，要以腰腿的暗勁借丹田氣的摧動，後腳先向前暗催，順勢再向下向後坐，雙手同時往後拔，在身體往後坐的同時，運用這個摺疊的力勢往前鑽出，這樣就能達到省力與貫串的原則。

借己之力，最簡易的譬喻，在深蹲時要起身，如果光靠兩腳的力量，是很耗力的。可利用雙手去壓按大腿，借勢一躍而起，這樣就省力的多。

舉重，就是借己之力，先蹲下，丹田氣一盪，兩腳借力一蹬，打一個快速龐大的椿，借地的反彈摺疊力道，才能把百來公斤以上的重量舉上來。

第三種，借對方的力。對方有來勢、來力，借力使力，四兩撥千斤。

能借對方的勢力，來借力使力，當然是一個好法，但其中也離不開借地之力與借己之力的。

借力使力，不侷限於借對方之力。在無來力、來勢可

借時，只能用一個「引」字，去引動對方出力、使力。然而，要做這個引的動作時，是離不開自力與地力的。

　　快速的出拳，如何才能快呢？要利用丹田氣的鼓盪，借腳的入地暗椿去打椿，使腰胯產生快速的彈抖，這個彈抖，連帶引動肩胛的摺疊，利用這種摺疊所產生的彈抖去出拳，才是真正的快。

　　借力才能省力，才能得到真正的輕靈與鬆柔。在格鬥中，借力能增添力勢的疾快與爆發力的完整與集結。

　　還有一種另類的借力，就是張義敬先生所說的「在天空中打鬥」，沒有地可借的情況，如何去借力呢？大家都知道，空氣是有阻力的，可以利用空氣的阻力來借力，這好像在說神話。

　　但這都是究因於張義敬先生說：「我們沒有孫行者的本事，可以隨意在天空中打鬥。」我就引他的話，來作一個虛擬譬喻的論說。

　　而事實上，在我們看起來是空空如也的空氣，是有阻力可借的，只有高層次的練家子，能善用這個空氣的阻力來借力，一般的凡夫不能、也不信在空中可以借力，就連張義敬先生之屬，也是打死不信的。

　　鳥類在空中穿梭，飛機在天空飛行，就是靠著空氣中的阻力而造就的。

　　張義敬先生主張，借力，要借對方之力是為妙；借地之力，不能稱為太極拳之妙，這是否自己落入了他所極力排斥的「主觀」意識之中呢？

五、「抱球」又何妨？

張義敬先生的《太極拳理傳真》書中，有一篇題名「還是不抱球好」的文章，截錄如下。

張義敬先生說：

「太極拳偶有兩手上下、左右、前後相對的情況，不知哪位先生獨出心裁，說這是『抱球』的動作……這個『抱』為害很是不小。」

「太極拳的應用，有圓球的意趣，但這個圓球，哪在手上？又哪在可見的外形？又怎能抱住？……太極圓心主要在腰上，手上不過相應地運行了各種圓弧或不規則的圓圈而已，根本不存在要抱球的理由。……這以腰為圓心的內在規律，要功夫到了才知道的……和兩手抱球，可以說真是風馬牛不相關。」

「高手在推手時，聽勁能力所以能明察秋毫，就是他們能全面地用意聽勁，完整了、圓了、靈了。但這種圓象是虛的，旁人看不見的，與抱球也無關。」

「兩手抱球的說法，極為錯誤，有了抱球的想法，外形必顯得拘謹、小氣，甚至出現明勁、硬力，同時又將思想限制在兩手掌之間……限制思想，不利於培養觸覺和提高聽勁能力。」

張義敬先生這篇文章的緣起，乃因有位叫張承祖先生，他大概發表了有關太極拳「抱球」的文章，張義敬先生看後表示了不同的見解，因此就寫了一篇「還是不抱球

好」的文章，刊登在 1989 年第五期的《武術健身》雜誌上（如上之節錄）。張承祖先生也因此在 1990 年第一期的《武術健身》雜誌上回了一篇「未嘗不可抱球」的文章，而引起張義敬的再次辯駁。

茲將張承祖先生的「未嘗不可抱球」文章，截錄如下：

「國家體委編寫的《太極拳運動》一書，首次採用了『抱球』的說法，在野馬分鬃、白鶴亮翅等動作，在說明中均加上了『如抱球狀』的字樣，可見『抱球』只是動作說明中的一種形象化的比喻，絕不是太極拳中的一個動作定式，更沒有把『抱球』作為太極拳的內涵核心來理解。」

張義敬先生是極力反對「抱球」的，認為無論在拳架上或推手上，在形動上或思想上都不應該有「抱球」的想法與觀念。認為「這個『抱』為害很是不小」。

太極拳很多動作以及用法，大都與圓牽連上關係，太極圖的陰陽，就是一個圓象，大家提起太極拳，就會想到這個太極圖的圓象，也常常把這個太極圖的圓象，拿來表徵太極拳。

太極拳的招式，兩手抱圓的式子是有的，所以張承祖先生就引了國家體委編寫的《太極拳運動》書中的話語，認同了在野馬分鬃、白鶴亮翅等動作的說明加上了「如抱球狀」字樣的說法，想不到卻換來張義敬先生的不少評論。

張承祖先生說：「抱球，只是動作說明中的一種形象

化的比喻，絕不是太極拳中的一個動作定式，更沒有把抱球作為太極拳的內涵核心來理解。」

這一句，張義敬先生是這樣辯駁的：「太極拳在運行中，兩手的距離與速度，並非固定不變與並不相等，方向也各自不同，即不是定式，球又怎麼抱得住？」

太極拳架在運行中，兩手的距離、速度與方向，是各自不同，沒錯，但並沒有遠離圓象的意涵，因為這個「圓」，本來就富於變化的，並不是一成不變的，就像一條圓形的橡皮圈，它可以變化成橢圓形、平行四邊形、三角形等等，但在形體的變化當中，這個橡皮圈終究會回復到原來的圓狀，也就是說，這個圓狀是橡皮圈的本體、本質。

打拳架當然是靈活而富於變化的，所以這個抱圓或抱球，只是一種形容，一種譬喻，張義敬先生似乎無需把這個抱圓或抱球，框在定式之中。誠如他自己所說的「太極拳的應用，有圓球的意趣，……太極圓心主要在腰上，手上不過相應了個種圓弧或不規則的圓圈而已。」

太極拳這個圓的運用，不只在手上，還在腰上、身上、腳上，還有丹田上，是處處皆圓的，是一個立體的圓弧。所以，誠如其所言「手上不過相應了個種圓弧或不規則的圓圈而已」這是張義敬先生自己說的。

既然這樣，就想不通他為何會這麼的排斥張承祖先生的「抱球」說呢？

張義敬在書中第 65 頁謂：「抱球之時，是合勁、蓄勢的時候，應該是身勢上的合與蓄，要做到身心俱合，

……才能使發勁威力無窮。」

　　然而，綜觀張承祖先生的「抱球」說，只談及在野馬分鬃、白鶴亮翅等動作中「如抱球狀」。並無涉及到發勁的層面，張義敬先生硬套上這個額外的撻伐，顯然是在為他的「還是不抱球好」之立論而加註吧？

　　這個文筆戰，後來好像張承祖先生並沒有再作回應，選擇了「默擯」方式應之。我想張承祖先生是有智慧的，他清楚知道辯論無益，不會有結果，不會有交集，所以就不想與張義敬先生再度交鋒，做一些無意義的爭辯。

　　我看了這「兩張」的文筆切磋，不盡有些同情張承祖先生，他只是提了一些太極拳式子中的「抱球」看法，卻引來張義敬先生的長篇論駁，心裏是有些不捨的。

　　拳理辨正，應當客觀的，並且以太極經論為依據，若以個人主觀意識而為辯論，立場就會站不住。張義敬先生說：「遍觀拳譜，哪裡有要兩手抱球的根據呢？」拳經當然不會寫一些枝枝葉葉的繁瑣文字。所謂「經」就是簡約的，是提綱挈領的，不會囉哩叭嗦，所以，我們讀經看論，要能舉一反三，觀一而知全。

　　太極拳論云：「立如平準，活似車輪。」太極行功心解說：「意氣須換得靈，乃有圓活之趣。」

　　車輪是一個圓狀，打拳或推手都會要求走圓，有圓才能靈活。所以，這個圓，除了腰胯等等之外，當然是涵蓋了兩手的圓，這是無須爭論的。

　　意氣也要變化靈活，才會有圓活的意趣。所以，經論中所謂的圓，是包含肢體的動作與精神上的意念的，是內

外一致的。

在張承祖先生的文中他雖只論到手，但他並沒有主張其他的部位不需要圓呀。張義敬先生竟然把張承祖先生的「抱球」說，自行設限於兩手而加以辯駁，顯然是比較過分了一些。

還有，張義敬先生認為「有了抱球的想法，外形必顯得拘謹、小氣，甚至出現明勁、硬力，同時又將思想限制在兩手掌之間，限制思想，不利於培養觸覺和提高聽勁能力。」

張義敬先生為什麼會有這樣想法呢？打拳之所以會拘謹、小氣，完全是使上了拙力與緊張的關係，這與「有了抱球的想法」應該是無涉的吧？

明勁是什麼？張義敬先生以為明勁與硬力是一伙的，那麼他的見聞似乎就比較狹窄了些，他應該在行文前，要先去請教形意拳的明師，把這「明勁」的定義先搞清楚，才不至於將「明勁」與「硬力」混為一談吧？

辨正拳理，是一種切磋性質，大家要客客氣氣的，不宜有火藥味，不要有尖痠刻薄的話語。試觀張義敬先生書中第65頁：「仍以『野馬分鬃』、『白鶴亮翅』為例，說『如抱球狀』，未必就能『使練者正確領會和掌握太極拳的動作要領和正確的姿勢。』（這一長句語法上有毛病，應進文章病院。）」這個語氣似乎有些比較尖痠刻薄的。

張義敬先生，一向主張練拳不宜有主觀的思想，然而，他的「還是不抱球好」的思維，是否也落入了他所極力反對的「主觀」意識之中呢？

有樁功，太極不傷膝

　　練太極拳，搞到膝傷，時有所聞；有些太極名師到了晚年，置換人工膝關節的新聞，屢見不鮮。太極拳原本是一個健身的運動，但因傷膝事故的頻繁，令人望而卻步，實在是一件遺憾的事。

　　太極拳為何容易傷膝？因為打拳時需要曲膝落胯，很多動作在移步換位時，都得單腳支撐身體的重心，所以如果姿勢不對，讓膝蓋承受了太多的重量，長此以往，膝關節內的軟骨組織，就會受到擠壓磨損，終而造成膝蓋的發炎、疼痛以及病變。因此，練太極拳，如何保護膝蓋，是一個不可忽視的課題。

　　我們打拳，是要落腰下馬的，這樣才能氣沉丹田，以及穩固下盤的重心。在落腰蹲身的時候，上半身的重量，要落到兩胯去，兩胯的重量要盡量移撥到兩腳跟，不要讓膝蓋承擔太多的重量，這樣就可以減少膝傷的機會。

　　再來，談到重點，也是最值得重視的問題。

　　「樁功」是練拳的最基本，樁功不僅是拳術技擊所必具的功體，樁功也是健身運動必備的條件。

　　樁功成就了，下盤的基座就穩固了，就好像一棵大樹，根盤深入地底，才能承受枝幹葉片的重量，任風吹雨打，屹立不搖。

　　樁功有了基礎，在移形換步時，才能單腳支撐體重，後腳往前踏出，才能走貓步，才能顯現輕靈又沉穩的樣態。

　　看一個人拳打得好不好，從移步換腳中，可以看出端倪。沒有樁體，移步時身體搖搖晃晃；或者忽略而過，或快速而過，或拖地而過，這些都是沒有功底之流。

　　有功夫的人，打拳是用腳打，用腳的樁去帶動身體，此乃太極行功心解所謂的「其根在腳」。

　　沒有功夫的人，打拳是用手打，出的是手的局部力，就手在那邊「弄屎花」，令識者啼笑皆非。在硬拳系統中，很多拳師打拳，都是屬於「弄屎花」之屬，看在行家眼裡，只能搖頭。

　　形意拳明師李存義對尚雲祥說：「你練的是挨打的拳。」當時的尚雲祥練的是功力拳，腳下沒有東西，李存義一個跨步就把尚雲祥跨倒了。尚雲祥服了，就拜李存義為師，開始學形意拳，終於成為大師。

　　有了樁功的基底，在打拳運樁中，都是力出於腳的，發勁也是用腳來打樁發勁的，不是雙手使盡吃奶力，硬把人推出去。

　　高手在化勁時，只是丹田氣一沉，身子一鬆，就把來力卸到腳底去了。三腳貓的走化，總是歪七扭八，前俯後仰的，這最容易傷膝，為了呈一時之快，把膝蓋搞壞了，能怪誰？

　　有一個太極系統，教人練推手，叫做「三轉」，起頭就是壓按學生的兩肩、雙胯，下至腿腳，讓學生去走化，

身子要蹲得很低，幾乎屁股要著地了。這樣磨一陣子，腳是有力了，身子也會歪七扭八的走化了，去推手比賽也拿冠軍了，學生高興的不得了，老師也臉上有光，洋洋得意。但是，這是不是真正的推手，這樣會不會搞壞身體？搞壞膝蓋？值得智者省思。

很多太極拳的團體，老師或教練，一上來就教學生打拳架，不教一些基本功，更不會教人站樁，因為他們根本就不懂得站樁。

老師或教練站在前頭，學生就在後面跟著比劃，三兩個月就把拳架教完，然後刀、劍、棍、棒、扇子，一一練完，就功課完畢了。之後，學生去參加短期的教練講習，之後，也就成為「教練」或「老師」了。他們對基本功、對樁功往往是一無所知的，是懵懵懂懂的。

這種沒有樁功基底的太極操，把學生搞成膝傷，這些「教練」或「老師」都還在懵懵懂懂當中，不知所以。膝傷的始作俑者，就是這些「教練」或「老師」，這些「教練」或「老師」才是太極膝傷的劊子手。

練太極，先打底，把基礎打好，萬丈高樓從地起，把樁基先穩固起來。所以，太極的起步，是站樁。

站樁，有三個效果。

第一，就是打底，練下盤。

第二，可以培養丹田氣。

第三，可以培養手的掤勁。這三樣功體都成就了，太極拳就成功太半了。

樁功成就了，貓步也就沒問題了，走架換步，輕靈瀟

灑，神態安逸。

　　會運樁時，內勁也可慢慢的累積起來。會打樁了，發勁還會有問題嗎？

　　最可貴的是，樁功有了成就，膝傷的機會就少了。不僅得到了健康，也擁有了太極功夫。

五指大師？

　　網路「運動大聯盟」有一篇文章，題名為「難得一見的太極精髓」，沒有標出作者是哪一位「大師」，我就暫且稱他為「五指大師」。

　　五大指師在「難得一見的太極精髓」文中，舉例了十四點太極的精髓，大多是八股官樣文章，抄抄錄錄，人云亦云，無有新意。

　　其中第九點、第十一點、第十三點、第十四點，似乎值得再討論，所以將這四條「精髓」提出拙見，就教於方家。

第九點、太極拳五指的秘密

　　只知五指為掌，而不知掌中奧妙，不知每根手指的功用。以下給大家詳細講解每根指頭的功用：

　　大拇指：掌握自己的重心。在練拳時虎口要微撐，就能很好的掌握平衡。

　　食指：食指不能用一點力，要輕輕的扶著運動路線走。食指如不放鬆，手掌就鬆不下去，手掌不鬆，腕難以鬆弛；腕不鬆，前臂難以放鬆，再接下來給墜肘、鬆肩等要求帶來難度。所以，食指要完全放鬆。

　　中指：起到向前指方向的絕妙作用。只有順中指方向向前用意，意才能放遠。有的說：「意到前方無限遠，到

底多遠，也要看練功者的功底而言。」

　　無名指：無名指起向前、向上的引領作用。在練拳時，有向前、向上的動作，不要全手掌出勁，由無名指引動，無名指在五指中最笨拙，只要它不出勁，其餘四指也不會。在推手過程中，運用無名指不容易出敗招。

　　小指：小指始終要放鬆。凡有從前向後、向下的拳勢，應鬆小指、鬆肩、墜肘、手臂自然下垂或後捋。

　　五指大師說：「大拇指，掌握自己的重心。在練拳時虎口要微撐，就能很好的掌握平衡。」

　　在太極拳裡，若要重心穩固，掌握自己的平衡，只有從椿功下手去修煉，每天練站椿，站到丹田氣能夠沉落於腳根，這樣才有辦法在移步換位或獨腳站立時，保持平衡中定。若說只要虎口微撐，就能很好的掌握平衡，未之有也；若是虎口微撐，就能掌握自己的重心，那大家就不用辛苦的去鍛鍊站椿了。

　　五指大師說：「食指：食指不能用一點力，要輕輕的扶著運動路線走。食指如不放鬆，手掌就鬆不下去，手掌不鬆，腕難以鬆弛；腕不鬆，前臂難以放鬆，再接下來給墜肘、鬆肩等要求帶來難度。所以，食指要完全放鬆。」

　　大師說，食指不能用一點力，要輕輕的扶著運動路線走。什麼是運動路線？食指要如何扶著運動路線走？大師並沒有說清楚，所以說了等於沒說。

　　大師說，食指如不放鬆，手掌就鬆不下去，手掌不鬆，腕難以鬆弛；腕不鬆，前臂難以放鬆，再接下來給墜肘、鬆肩等要求帶來難度。所以，食指要完全放鬆。這與

他在述說大拇指時所說的「練拳拳時虎口要微撐，就能很好的掌握平衡」是否有所衝突與矛盾呢？虎口微撐，就是微有用力，這與大師所謂的「食指不能用一點力」，是否前後互相衝突與矛盾呢？

五指大師說：「中指：起到向前指方向的絕妙作用。只有順中指方向向前用意，意才能放遠。」

大師之前說，食指要輕輕的扶著運動路線走；現在又說順中指方向，向前用意，意才能放遠，才能起到向前指方向的絕妙作用。這樣食指與中指的作用，是否會互相混淆呢？還有，大師說只有順中指方向向前用意，意才能放遠。那麼，為什麼只有順中指的方向向前用意，意才能放遠呢？為什麼只有中指會有這個特殊功能呢？其他各指就沒有呢？

五指大師說：「無名指：無名指起向前、向上的引領作用。在練拳時，有向前、向上的動作，不要全手掌出勁，由無名指引動，無名指在五指中最笨拙，只要它不出勁，其餘四指也不會。在推手過程中，運用無名指不容易出敗招。」

大師在論述中指的時候說，中指起到向前指方向的絕妙作用，現在又說，無名指起向前、向上的引領作用，這之間的意思幾乎是相似雷同的，那到底是要由中指還是無名指來引領、來指方向呢？中指及無名指若是有知，是否會為這檔事兒，而起爭執呢？

大師說，無名指在五指中最笨拙，只要它不出勁，其餘四指也不會。在推手過程中，運用無名指不容易出敗

招。如果真是這樣，那大家在推手時，只要運用了無明指的不出勁，就不容易出敗招？就能百戰百勝了嗎？

五指大師說：「小指：小指始終要放鬆。凡有從前向後、向下的拳勢，應鬆小指、鬆肩、墜肘、手臂自然下垂或後捋。」

如果只要求小指始終要放鬆，那其餘各指須不須要始終放鬆呢？

凡有從前向後、向下的拳勢，應鬆小指、鬆肩、墜肘、手臂自然下垂或後捋。那麼，如果不是「向後、向下的拳勢」，就不要「鬆小指、鬆肩、墜肘、手臂自然下垂或後捋」了嗎？

在第十一點、太極拳的虛靈頂勁

五指大師說：「不要有意念，頂上虛靈有神即可。頂者有陰頂和陽頂。陰頂想百會穴，陽頂想囟會穴（俗稱囟腦門）。每動一次，肯定分陰陽，均應有頂勁。所以，頂勁任何時候都不能丟。」

練太極拳一向是主張「用意不用力」的，大師卻說：「不要有意念，頂上虛靈有神即可。」沒有意念，怎麼能頂上虛靈有神呢？怎麼能任何時候都不能丟呢？

還有，頂又要分陰頂和陽頂。陰頂想百會穴，陽頂想囟會穴（俗稱囟腦門）。如果在虛靈頂勁時，還要這樣分陰陽，不知腦筋是否會錯亂掉？

大師又說，頂勁任何時候都不能丟；那麼在頂勁時，要不要有意念？若是沒有意念，又要如何辨識陰陽呢？如何分陰陽呢？大師的論說，是否處處充滿矛盾呢？

在十二點、太極拳的無動意

五指大師說：「在向前弓步時，不要有向前去的動意。在向後坐步時，不能有向後退的動意。練拳時應養成無動意、無意念、無雜念、無進退的無障礙練拳的習慣。」

大師主張向前或向後，應養成無動意、無意念、無雜念、無進退的無障礙練拳的習慣。

練拳要求無雜念是對的，但如果養成無動意、無意念、無進退的無障礙練拳的習慣，那恐怕神仙也做不到吧！既然是無動意、無意念，那怎麼會有無障礙練拳的習慣呢？

無動意、無意念，就是腦袋空空的，就像白癡一般，就連動都不能動了，又要如何打拳呢？無進退，就是一種沒有動作的狀態，那就涉不到「無障礙」這碼事兒了。

第十三點、收吸腹股溝

五指大師說：「陰陽虛實變化能否做好，收吸左右腹股溝起著決定作用，這是內功上身的關鍵。注意陰陽虛實從腳下開始，要刻意進行腳的修煉，從腳上到手上逐一放鬆。」

什麼是腹股溝？

腹股溝就是鼠蹊部，是人體腹部連接腿部交界處的凹溝，附近區域就稱為腹股溝；位於大腿內側靠近生殖器兩旁，在人體解剖學上屬於腹部。

收吸左右腹股溝，為什麼能起著決定作用？是起什麼

作用？大師並沒有說清楚；陰陽虛實變化能否做好，又與腹股溝有何關聯？為什麼這是內功上身的關鍵，大師也沒講明白。

大師於後段只謂注意陰陽虛實從腳下開始，要刻意進行腳的修煉，從腳上到手上逐一放鬆。放鬆當然是要的，但是這從腳上到手上逐一放鬆，到底又與陰陽虛實變化能否做好？以及為什麼會與左右腹股溝起著決定作用？大師並未道出緣由。看來只有等待這篇文章的藏鏡人看到本文後，再來做說明了。

鬆是全面性的，是完整性的，沒有逐一放鬆的，不是從腳上到手上逐一放鬆的；虛實變化能否做好，也是全面性、完整性的，不是收吸左右腹股溝就能起著決定作用。內功上身的關鍵，在養育丹田氣、培植丹田氣，丹田才是儲聚內氣、養丹的田地，所以才叫做「丹田」。若言收吸左右腹股溝，是內功上身的關鍵，是值得被討論的。

第十四點、收小腹、空胸

五指大師說：「肩以下，胯以上為軀幹部位、每一動都要求收小腹、空胸。」

從來只聽說「虛胸實腹」，未曾聽言練太極拳要每一動都要求收小腹的。收小腹，一定要用力的，違反了太極「用意不用力」的原則。

太極行功心解云：「腹鬆，氣斂入骨。」只有腹鬆，才能氣斂入骨；只有腹鬆，才能使內氣匯集於丹田。縮小腹，不僅是用了力，也會使丹田的氣，不能下沉，這與「氣沉丹田」的原則是悖離的。

縮小腹，是軍人用語，只有當兵時才要挺胸縮小腹，這是要表現軍人的一種雄壯威武的氣質。練太極，則要虛胸實腹，丹田氣要飽滿圓實。

這篇文章是從網路「運動大聯盟」中截取的，我發了一個簡訊給「運動大聯盟」，請教這篇文章的作者是誰？版主回覆說：「這篇文章的作者不是台灣人，且作者本身只願意發文給大家參考自己的經驗，若有不便請見諒。」我回說：「發表文章，理當出示作者的身分，以示對自己的文章負責。」版主回覆說：「不好意思，小編目前的工作，只是整理文章、排版、推廣而已，作者願不願意表明身分，其實權利在他們手中，還請見諒。」

是的，作者願不願意表明身分，是他的權利，但起碼也得有一個筆名。還好這篇文章的作者不是台灣人，否則我會想辦法去探聽這個藏鏡人是誰。

「運動大聯盟」中，有關太極文章，看得出來，大致上都是那一邊的「名師」寫的，他們隱藏姓名，顯然是顧忌後輩小生把他們的文章，拿來拈提辨正吧？

寫拳論，要從自己的實踐功夫當中，有感、有心得而發，那些抄抄、炒炒的語話，行家會一眼瞧破。若想得一些虛名，只怕被人點破，而滿面全豆花，何苦來哉！

論說太極，不要被陰陽學說，搞的腦筋渾渾沌沌的，太極所有的經論，都是講實際功夫，沒有說玄道奇。這一干「大師」如要顯才，也要引經據典，不得脫離經論範圍以外，而暗示自己為神仙，或超人一等。

第二十九章

補　課

　　某日，寫作練拳心得到半夜，次晨睡過了頭，所以早課的拳就沒練。這天又有些雜事忙亂，就忘了練拳這回事，到了晚上睡覺，才突然想起早上的拳還沒練，頓然躍起，補完課，練完拳，才安心的躺下睡覺。

　　我每天必定要練拳一個半小時，年輕的時候是兩個小時以上，如今年齡逐漸大了，筋骨不宜那麼勞累。

　　每天早上拉筋十分鐘，練太極三十分鐘，形意三十分鐘，其他就是站樁與基本功，這是我一天練拳的定課，大約是這樣。

　　如果遇到有事，早上沒練，白天就要找時間練，白天若有事耽擱，晚上一定要自己補課，這是我自訂的練拳規則。

　　為什麼要這麼辛苦呢？為什麼要這麼堅持呢？為什麼要這麼固執呢？

　　因為人是都有一種懶惰的習性，這個習慣一旦染上了，做任何事情就會缺乏持續的堅定力，懶懶散散的，就會一事無成。

　　我這一生，沒什麼成就，唯獨練拳，能持續不斷，堅持至今，雖談不上有什麼成就，卻是自己感到唯一足於自豪的一樁事。

　　練拳就是要有這一份「癡」，拳癡，拳癡，只有「拳癡」才能練好拳，只有自我惕勵的「拳癡」，只有對拳「迷戀」的「拳癡」，才會一頭栽進去，把「拳」當作「愛人」一般，與「拳」形影不離。

　　白天想跟「拳」熬在一起，晚上睡覺，也會夢見「拳」。

　　我這不是瘋言瘋語，事實上，一個「拳癡」就是如此這般。

　　很多歷史上的武術家，幾乎都是一個「拳癡」，也只有這樣的「拳癡」，能成就武功的大事業。

- 摺疊就是海浪理論、洗衣機理論、魚擺尾理論、毛毛蟲蠕行理論。
- 拳理就在日常生活中。
- 太極行功心解說「往復須有摺疊」，宜從往復及須有二處求悟。
- 若能悟得摺疊義，太極功夫已近矣。

第三十章

眼觀與默識

眼觀，就是用眼睛觀看、探察、觀摩。

練拳，全憑兩隻眼，台灣俗諺說：「溜溜秋秋，呷兩蕊目啾。」意思是說學習任何技藝、任何功夫，都是靠著兩隻眼睛去觀看、探察。

觀看、探察，要看視的清，要察覺的明，所謂「觀察入微」是也，要把很微細的動作察看的清清楚楚，巨細靡遺。

我們練拳，就是全靠兩隻眼睛去看，看老師的動作、眼神及拳韻。

學拳第一件事情，就是看老師的動作，每一招、每一式，從起點到落勢的到位點，要眼見分明，式與式之間的轉折與虛實的轉換，都要看入。我所說的「看入」，不只是用「肉眼」去「看」，還要用「心眼」去「識」。

先觀看老師外在的肢體動作，同時也要把老師走拳的神韻吸收進來。

觀看師的動作，要像電腦一樣先把影像儲存烙印在腦海裡。老師不在的時候，就把看過的影像，從自己的腦中放映出來，用心去「模仿」，這個「模仿」，就是太極拳論所謂的「默識揣摩」。

觀看，要觀的細，要看的深；不是走馬看花，隨便

瀏覽一番。觀拳，要全神貫注，專心一意，不可分心。有些學生學拳，心不在焉的，學一式，忘一式，雖然學了很多，但是不久就忘光光，這就是沒有用心。

練拳不只是用眼睛看，還要用心去牢記。忽略而過的看，不能得到老師的真髓。

以前的人學技藝，要學徒觀看老師之「相」，這是學藝的訣竅，有人把它稱之為「觀師訣」。觀師之「相」，為什麼是一個「訣」呢？因為師傅在教技藝或功夫的時候，會把所有藏在心中的「技」之內涵，呈現在他的外「相」之中，所謂「相由心生」是也。

一個人的內心在想甚麼，會表現在他外相的神情之中，所以看師傅的貌相，就可以看出師傅要傳達的訊息，「觀相」可以入微的探視到師傅要表達的情愫。所以，這個「觀師訣」是非常重要的，學拳練功夫要內外觀相，才能學到拳的真正內容。

觀摩，是學拳所必要的。觀出別人的優點，加以模仿，把好的吸收進來；察覺別人的缺點，使自己不會犯同樣的錯誤。觀摩拳架的重點，要在一招一式中，體察拳式中間的轉換過程，往復間的摺疊虛實之變化，還有就是，要更深入的觀察丹田氣的鼓盪升沉，及整體的貫串勻整等等。

默識，就是靜靜的、默默的，在心裡面暗中的辨識、思維。太極拳論云：「默識揣摩，漸至從心所欲。」

揣摩，就是揣度模仿。

學功夫，先眼觀，後默識揣摩，觀察老師的外相之後，要靜靜的、默默的，在內心深處，暗中的忖度，用心

念意識去作內心的觀探，這就是內觀，用內觀法去判別、辨識、去揣度、去分析。

一面打拳，一面默想，我這拳是否跟老師的一般模樣，這就是默識揣摩。

經過這樣的默識揣摩，經過自己的用心思維，經過時間的磨練，功夫就漸漸地純熟了。這樣，往後拳架的演練或技擊上的運用，就能夠隨心所欲，應用無礙。

默識揣摩不侷限於拳架動作，不侷限於眼睛的範圍，還涵蓋著聽聞。靠著眼睛是不夠的，還要用耳朵去聽聞。老師的口傳身授，除了眼觀耳聽，還要用心思去體會。

默識揣模後，功夫逐漸上手了，功夫純熟之後，很多自己意想不到的功體會自然的生出來，在不知不覺中生出來，因為是漸進式的生出，因為是漸進式的累積，所以自己往往一時無從察覺發現。等到有那麼一天，你突然地會發勁了，沒人教，也會打樁了，也知道打拳要如何運樁了，也明白了摺疊在拳勢中的作用，種種功法都自然的流露出來，這個時節，就叫作「從心所欲」。

聞，就是多聞，要廣讀拳經、拳論、行功心解，還有一些明師遺留下來的拳理口訣。這樣加上自己的經驗累積，常常的去默識揣摩，終而能達到隨心所欲的境地。

觀，不只是眼觀，還有內觀；內觀就是默識，向自己心中內處去思悟，自我檢視。

觀與識，除了拳之外，還要檢視自己的心性、行為、思想，是否如法，要內外如一，拳德雙修，才是一個真武者。

第三十一章

點頭功

「點頭功」不是自己去練「點頭」的功夫，而是透過自己的功體，施到對手的身上，指揮對手「點頭」，因為能隨心所欲的指揮對手「點頭」，所以這也算是一門高階的「功夫」。

什麼叫「指揮對手點頭」呢？

譬如我用手雙按，按在對手的胸部或其他部位，他的身子不會是往後退，而是往前傾過來，頭不由得點一下，鞠躬敬禮一下，為什麼會如此？

依據力學原理，一個力量往前面的物體施力，這個物體應當是往後移退的，為什麼我卻說，用手向對手的胸部或其他部位施力壓按，對手不僅沒有向後移退，卻是相反的往前傾過來呢？

事實上就是如此，這就是功夫，這才叫功夫，這也是太極及內家功夫獨特與不可思議的地方。

能施展這個「讓對手點頭」功夫的人，必須是內家功體全方位成就的人，才有辦法施展這個「點頭功」。

這個功體包括樁功的成就、掤勁成就、沉勁成就等等。

樁功穩固，能有抓地之力，能借地之力，手一按，對方的根盤就會浮起來。根浮，身體就虛了，就無根可以

依靠了。你按他胸部，就變成胸虛頭重，加上我的暗勁一施，他的上半身就會傾過，就會點頭鞠躬，很有禮貌的。

我這一按，手的掤勁、沉勁當然是必備的條件，還有，就是丹田氣的落沉，丹田氣必須落沉到腳底，配合打暗樁。

手是要暗暗的「落勁」的。什麼叫做「落勁」？在我的文章中是曾經說過的，也發表在FB「形意火鳳凰」社團中，但看到的人似乎並不多，因為按「讚」的人數並不是很踴躍，或許部分的人較吝嗇，看過卻冷漠的吝於回應一下。

這是一種彼此間的緣分，有緣，就會接觸到這個「法」；無緣，看到也是忽視默然，冷淡以待。

「落勁」這個「法」少有人講，這是我練拳的一個心得與創見。「落勁」是內暗勁成就了，沉勁夠沉了，你心裡微一作意，這個暗沉之勁，就會落實到對手的身上，黏附著，使他有一種沉重的壓迫感，這種暗沉勁不是蠻拙力，而是鬆極之後，氣斂入於筋骨之一種特殊的能量。

所以，氣勁與意念同步的落入，這質地與拙力是不同的。拙力一施，立刻讓人察覺，而且容易被人回打。暗沉勁，暗藏在內，看不到，不易察覺，施時方有，待你察覺，已難逃脫。

按人時，腳是要施「暗樁」的。樁功有成就，才能施「暗樁」。所謂「暗樁」，就是暗中運樁，因為是暗暗的、偷偷的，你看不到，也無法察覺，所以在「落樁」與「落勁」時，根本是神不知鬼不覺的，等你稍有感覺時，

那個「暗樁」與「暗勁」已著落上身，要逃已難了。

這個著法與打法，是離不開「聽勁」的神靈的，要「聽勁」夠好、夠巧，才能施作這個「點頭功」，也就是手掌上的聽覺，要能有虛實的神變。在推手遊戲當中，你來我往，明查暗訪，是互為游動的，對方每一個微動，你的手掌都要知曉，你全身的觸覺，都要起到見微知著的敏銳感，看到微跡，就能知道它的將要發展的趨勢，見始知終。這就是一種「懂勁」的境界，也是將達於「神明」的境界。

讓人家「點頭」，是推手「聽勁」的一種技巧，這個「點頭」技巧有什麼作用呢？

事實上，這個「點頭」技巧，是一種「引」的作用，一種「引進落空合即出」的作用，把敵手引入到我身上來，好讓我打，你雙手一按，對方身子傾過來，我再一沉、一落，暗樁一打，勁意合蓄，緊接而出，對方肯定要跌出的。

這個「點頭」技，在「鬥牛式」的推手陣中，是比較不容易看到的，因為「鬥牛式」推手都是蠻力的纏鬥，不外乎插腰、扭抱、抓拿、拋摔之類，要施展「點頭」技，是稍微困難一些的，除非是遇上一個真正的高手，他不跟你力拚。

「鬥牛式」推手，即使你在這個陣仗中，屢得冠軍，叱吒風雲，但到某一個層次之後，功夫就會止息，不會再進步，而且往往會隨著年齡的增長與體力的消失，而逐漸沒落。許多推手「冠軍」都是如此，年輕力盛時，騁馳戰

場，極其風光，但是總是「默默」而終。

　　學功夫，不是逞一時，而是一個永續，一個傳承，要有一個真實的東西可以流傳下去，這樣，辛苦學功夫，才不至於失去正確的方向與目標。

開展與緊湊新解

太極行功心解云：「先求開展，後求緊湊。」什麼是開展？什麼是緊湊？

開展就是開闊展放，也就是身形的開拔與伸展，包括筋膜、肌骨的開拔展放；廣義而言，還包含氣與勁的開擴與拔長。

拳架的開展，要全身放鬆，各個關節、筋脈都要曲中求直，舒展鬆開，在微曲當中，要有伸長之意，有如彈簧被拉開的狀態，筋要有提吊著骨肉肌膚而行之意、之狀，筋要有微痠的感覺，這樣內氣才能注入。

開展的目的，是在培育內勁；內勁的養成，就是先讓筋骨開拔伸展，經過丹田氣的運轉、鼓盪、輸送，令氣斂入於筋骨之內，匯集內勁能量，成就功夫。

內勁有成之後，打拳要不要再求開展？

還是要的，只是這個開展，不需要再把肢體放的很長，而是重在內質，不在於外形了。也就是說，外形支架已經不必再那麼的放長，而是求之於筋脈的阻力扯動的強化以及氣勁質量的展運了。

當內勁已然有成時，四肢身子微一伸展，即可感覺氣勁的沉，這個沉的質量，在全身鬆靜時，感覺特別的明顯。這個沉的質量，無形中會更把筋骨脈膜，再度深層的

拔長伸開，而這個筋骨脈膜拔長伸開，在形體上並不是很大、很長的，只是微微的、小小的，雖然如此，但氣勁伸展的質量卻是極大的。

這個質量，因為涵蘊著全身的二爭力，以及二爭力所營造的阻力，應用太極的真慢，去牽動筋骨脈膜，使之有氣脹、氣滿、奮張、麻痠的感覺，讓我們的氣勁更圓實。

所以，先求開展，不只是初練拳架，要求開展，在功體有成後的精煉階段，也是要開展的。這個開展，並無先後之分，只有形體與質量的差別。

在精煉階段的開展，各個支架的關節劃圓或摺疊，更形縮小，骨輪間的劃圓，是一個自轉，去帶動肢體的公轉，所以要學會「轉骨輪」，尤其是手臂的肩骨輪及大腿的胯骨輪，這兩個大骨輪一定得先透過「拉筋」方式，把大筋小筋全面拉開、鬆淨，這樣在「轉骨輪」時才能圓滑自如。

當全身九大關節，透過「拉筋」的練習，及拳架前階段的開展練習之後，在精煉階段的開展，就要放在氣勁與筋脈的內部提煉，重於內質修煉，也就是內功的修煉層次。

什麼是緊湊？

緊湊是行動節奏的緊接、密合，廣義而言，還涵蓋氣勁動轉的緊密。也就是時間與空間的緊密湊合，時間是「機」，空間是「勢」，機勢掌握的恰到好處，就是「得機得勢」，就謂之「緊湊」。

緊湊包含用法與練法。

　　在用法當中，並不是說「快」就叫做緊湊。

　　緊湊與出拳快速是不同的，出拳的快，是時間與速度的結合，這種快只要經過短期的練習就可以做到的，不含攝在功夫的層面，與緊湊沒有直接的關聯。

　　太極拳論云：「察四兩撥千斤之句，顯非力勝；觀耄耋能禦眾之形，快何能焉？」

　　太極拳以巧勁走化，借力使力，化打合一取勝；七、八十歲的耄耋老者，之所以能抵禦眾多的彪形粗漢，都是因為練就了內勁以及聽勁、懂勁的高階功夫，不是一般的使「快」而能辦到的，完全在於聽勁、懂勁、走化與渾厚的內勁，以及應用上的緊湊關係。

　　所以，「緊湊」並不是「快」；緊湊是應用的「恰到好處」，因為緊密的配合而用在該用的地方與時機，這才是緊湊的真義。

　　在練法中，緊湊並不是叫你去打快拳。拳打快，不是緊湊的真實義，那些發明「快太極」與主張太極要快練的一干阿師，錯解了緊湊的意涵，誤把「快」，誤置為緊湊，實乃「差之毫釐，謬以千里」。

　　拳架的緊湊，就是沒有斷續、沒有凸凹、沒有缺陷，這是太極拳經講的，只有達到「毋使有缺陷處，毋使有凸凹處，毋使有斷續處」，這樣，才能「得機得勢」，身形才不會散亂；身形不散亂，機勢掌控得宜，就稱為「緊湊」。

　　太極拳是慢練的拳，打拳如行雲流水，柔順鬆靜，快了就不是太極拳了。

快了，就氣喘吁吁，快了，氣散面青，快了，就緊張序亂，這怎麼能運氣呢？怎麼能集氣呢？怎麼能斂氣入骨而成就內勁呢？想要快，就去打拳擊，不要來亂太極。

有人或許會懷疑，太極這麼的慢，怎麼能打呢？如何與快拳系統爭勝呢？

太極拳論有說，壯欺弱，有力打無力，慢讓快，這些都是先天賦與的條件，和修煉內家的內勁功夫是無關的，是不相干的。瘦弱年長的老人，能禦眾之形，靠的不是拙力，不是拙快。

我為什麼用「拙快」這個詞呢？因為這個快，非真快，這個快，沒有武功的內涵，一般人只要去練習揮拳，不出數月，就能有這個「快」的效果。

內家系統的快，是若干功體的累成，是多年行功運氣的匯聚，積少成多，積沙成塔，積氣而成就內勁，這得耗費數年或十數年以上的堅持，努力不懈，方有所成。

這些功體，包括丹田氣的養成、樁功、掤勁等等，這些功體都成就了，還有附屬條件。例如，彈抖技巧、摺疊技巧、打樁技巧，以及丹田氣的鼓盪爆破技巧等等。主條件是功體，附屬條件是用法、打法。體用兼備才是全方位的內家拳，具備了體、用雙技，自然出拳比人快，出拳比硬拳系統更快，這才是真正的「唯快」，是無法破的「唯快」。

為什麼說個快，是不破的「唯快」呢？因為這個拳出去不是使力去出拳。使力的出拳，速度有限。

氣爆式的出拳，是內勁的瞬間爆破，冷不提防，迅雷

不及掩耳，眼睛瞄到的一剎那，拳已到位，要走避，已經
來不及了。

　　內勁是氣的累積而成，內勁的氣爆，如同炸彈一般，
是瞬間引爆，是意到勁到的，意與勁是同時到位的，所以
很難逃避，你格擋也無用，格擋照樣打進，這是內家功夫
不可思議的奧妙之處，也是不容易被一般凡夫所信服的武
功。

　　所以，有速度可以測量的快，不是真正的唯快；只有
不可測速的驚爆，這種無預警的爆破，才是真正的唯快。

　　慢打的太極，有沒有「緊湊」的內質呢？答案是肯定
的，慢太極就是有「緊湊」的內涵。

　　前面說過，「緊湊」不是速度的求快表現，而是行動
的緊密接合，是動作的綿密接續，是氣機與暗勁的和諧，
是上下的相隨，是內外的相容互通，是一氣之流行貫串。
因此，緩慢的太極，如果符合這些內質、內涵，就堪稱為
「緊湊」。

　　在極慢之中，因為腳樁二爭力暗勁的使行，產生層層
疊疊的阻力，空氣的阻力，如水中行舟，阻礙著筋骨肢體
的行進路線，使得筋骨被擠壓摺疊與伸展拔放，加強了內
氣的流行與充填，內勁能量由是而聚斂。

　　太極在這個舒慢的運行當中，所有的行動都是接續
不斷的，都是相連相生的，都是互為和合而行的，就像行
雲流水，綿綿微動，細水長流，永續不絕，這就是一種緊
湊，一種慢的緊湊。

　　依個人之心得淺見，愚意以為，緊湊不是動作的急

快，而是一種行動的綿密結合；開展不只是手腳肢體的開伸展長，而是筋脈、骨膜、韌帶以及氣勁等等的暗潮洶湧。這就是拳經所謂的「凡此皆是意，不在外面。」這個「意」，除了意念、心意之外，還含蓋著意涵、意義。

「不在外面」，拳的好壞，不可光看外表。有人打拳，比較含蓄，比較內斂，他運的是內暗勁，暗藏在內，你看不到，不可因此而說「他沒有開展」。

看人打太極，慢慢的，有氣無力，不可謂：「這麼慢，能緊湊嗎？這麼慢能打嗎？」慢，當然也有緊湊；慢，當然也能快。外表好看的快拳，不一定真能打。太極的安舒緩慢，只要符合了「緊湊」原則，他所發揮的戰鬥力，往往是令人出乎意料的。

外行看熱鬧，看外表；內行看門道，看內涵。內外有別，識有淺深。

第三十三章

道本自然一氣游

什麼是道？道是宇宙間一切事務運行的法則，也就是一種自然的本源。

道，指的是世界的本原狀態，也就是說世界應當是這個樣子，世界原本就是如此的。佛家講「法爾如是」與道家所講的「道」，應當是「法同一味」。

道家說，每一個眾生，都有一氣流行周身。只是眾生的無明，以及無窮的慾望，淹蓋了氣的清晰與阻礙氣的流通，而至疾病叢生。

宇宙是一個大氣場，人體是一個小氣場，宇宙是一個大太極，人體是一個小太極。宇宙的氣場，循著一定的規律運轉，人體也是一樣，這都是自然的道理。

人如果慾望太多，心態不正，體內的磁場就會亂了秩序，使得氣的流行產生變化，失去原有的規則，使得腦神經與身體發生病變。

人的磁場會影響宇宙的磁場，所以才說：「人若嘸照天理，天就嘸照甲子。」人心如果充滿私慾、豪奪、權謀、殺戮等等，世界就會有天災、地變、疾病、戰亂等等相對應。

有悟道的菩薩說：「每一個眾生都俱有一個第八識『如來藏』」，大如鯨魚，小如螞蟻、細菌，都有一個與生

俱來的第八識如來藏，這第八識如來藏是不生不滅的，任何人都無法破壞它。」

眾生的第八識，聚集著累生累劫的善、惡業種，也由這個業種而成就宇宙間的各種器世界，如地球、月球及所有銀河界的無限量的星球，這些星球就稱之為「器世界」，每一個器世界都是由各個眾生的共業如來藏所形成，我們之所以會降生到這個地球，都是這個器世界各個眾生的共業業種所凝聚匯合。

你的業種是什麼，就適合投生到那個共業磁場的世界去，你修十善業，就適合到天界去住，若是十惡不赦的壞蛋，只能墮到地獄去受無窮無盡的苦。

所以，如來藏就像電腦，眾生所行的善惡業，都會被儲存在如來藏裡，不是天上的神明來記錄你的善惡業，而是自己與生俱來的如來藏，記錄儲藏這些業種，這些善惡業的種子成熟時，業報就會現行，所以說：「不是不報，時候未到。」

因為業種是要受報後才會消失的，否則將永遠潛藏著，等待因緣的成熟。所以，人是不可以作惡的。

有人或許會問，為何有些好人，不得善終？壞人卻福報多多？這是因為與果報的緣熟遲疾有關，因緣時節到了，所種下的因，定然會有果的相應，只是時間因緣的安排際遇，要等待種子的成熟。種瓜得瓜，種豆得豆，果報的自然定律是不會錯亂的。

或許你又要問，為什麼眾生都有這個第八識如來藏呢？因為「法爾如是」，本來如此，本來就是這樣，這就

是「道」，若道可道，非常道。

道就是本然，就是自然，道本自然。

打拳、練功夫，與道離不了關係，與氣離不了關係。

修身養生，離不開氣，所以，養氣、調氣、運氣、練氣，都與打拳練功夫是息息相關的，如果不會養氣、調氣、運氣、練氣，武功就上不了身。

修煉內家拳之所以要養氣、調氣、運氣、練氣，就是要把被慾望薰染而成污濁不清的內氣，重行調整回來，把組織重新再造，使之回到原本的清晰之氣，並且使這個內氣在改造薰化後，變成更好更完善的氣場，甚而凝聚氣的質量，成就內勁功夫。

透過修道式的修身養性，以及內家拳修煉的調息養氣，讓身內的小宇宙、小太極，氣歸正道，自然流行，這就是「**道本自然一氣游**」。

內家拳練到一定的層次，內氣清晰了，自然氣遍周身；進而修心養道，平靜無欲，自然正氣凜然，感而遂通，與道合真。若能行善棄惡，庶幾近道矣。

形意明家常說：「拳無拳，意無意，無意之中是真意。」這個「無意」的「意」已經不是意念的「意」，說深層一點，它應當昇化到「無慾」的境界，只有達到「無慾無思」的清靜境界，才能「拳無拳，意無意」，才能在無意中顯現真意，到達真正「懂勁」的神明境界，也就是內家拳「與道合真」的至高境界。

達到「與道合真」的清靜境界，自身體內的氣場，自然與宇宙的氣場相合互通，循著自然的軌道運行，這就叫

做「一氣流行」，始得謂之「道本自然一氣游」。

　　內家拳是用意而練的，以意導氣，以氣運身，斂氣成勁，成就內家功夫。當功夫成就之後，就要放棄這功夫的執著，渡河要用竹筏，當到達了彼岸，就無須再一直背負著竹筏了。

　　道，在宇宙，也在人身，宇宙與人身都是道的渾元一氣，都是一氣自然流行。功夫成就之後，沒有功夫的執著，沒有名聞利養的執著，看淡名聲與錢財，不執物慾，拋棄執著，自然能「一氣流行」，沒有任何罣礙，自然回歸到「氣」的本源，合乎了「道」的本質，這才是實至名歸的「道本自然一氣游」。

第三十四章

空空靜靜最難求

　　空空，不是空無所有，不是頑空；如果是空無所有，如果是頑空，就會變成「凍戀仔」，變成一個植物人，或變成一個白癡。

　　空，是指沒有妄想、執著，不執著於物慾與成就，不執著於財色與名利，將所有事物看淡，這才是空的真義。

　　有一干阿師，刻意的強調，練拳要空，把身體空掉，空的乾乾淨淨，空的一無所有，成為「無我」，這樣在推手或實戰時，就可以讓人家打空，打不著「我」。

　　這種想法與主張，是一種虛幻的妄想，是一種癡人說夢，把自己塑造成一個「凍戀仔」的人。

　　人的身體，本來就存在的，站在那裡「歸欉好好」，怎麼能空掉呢？不是說你假想身體空掉了，它真的就會空掉，所以「把自己身體空掉」的思維與主張，純是一種空洞的虛妄想。練拳的人，應當事實求是，不宜落入「國王的新衣」之窠臼中，貽笑方家而不自知。

　　空與靜，是互對的，你心靜了，體鬆了，在這種精神狀態下，所呈現的一種心理上舒鬆的「空蕩」態樣，這是屬於「精神」次元的「空」，不是實體狀況的「空無」。

　　體鬆心靜，是空義的前提，若體不鬆，心不靜，只用自己的虛幻想，欲把自己的身體幻想為空，未之有也。

練太極拳，修內家拳，首部曲就是先修心養體，保持心靜體鬆為第一要務。為什麼如此說呢？

第一、先說心靜

詩云：「心靜則明，水止照物。」意思是說內心平靜，自能明澈、洞察萬物；水止靜不動，才能映照周邊的景色。

大家都知道練太極拳、練內家拳，都是要用意念的，要以意導氣的。這個意，就是我們的意識、心念、思想。

當我們起意要去想像、思維一件事務之時，頭腦是要非常的專注、非常的集中、非常的清靜的。若是心有旁鶩，心有雜念、心有妄想，這就表示我們的心是不安靜的。

所以，「靜」是涵蓋「安」的，心安了，才能靜；心有邪念，則不能安；不安則不靜；心不靜則體不鬆，練拳無益矣！

如何才能「心安」？要「心安」先要「安心」，把自己的「心」，先「安」頓好，把心安頓好，才能夠心安。

如何安頓心？行事作務之前，先思維這件事務完成之後的後果，它會產生何種作用，它會得到何種的結果。這個結果是好的，是良善的，才可以下手去做，否則就要停止行動。有人做事不計後果，事後就會嘗到苦果。

安心是因，心安是果。安頓善因，才有心安之果。

第二、次說體鬆

鬆的定義，除了肢體的舒緩不緊張之外，它涵蓋了武功中的柔韌與 Q 彈。如果只是鬆的軟趴趴，沒氣沒力的，

這不是真正的鬆，而是落入了「頑鬆」的空洞氛圍之中，失去了練拳的意義。

內家武術的內涵，是在求得「內勁」功體，空洞式的「頑鬆」不能得到這個「內勁」功體，只是在做運動體操罷了。

形意明家說，鬆只是不用絲毫的拙力。所以，些微的四兩力還是要有的。「四兩力」只是一個比喻，意思是說，用力用的恰到好處，多一分不行，少一分不可；多了一分，就是拙力，就是蠻幹，少了一分，就是懈怠，就是頑鬆。

在鬆中，是要伸筋拔骨的，內裏是暗潮洶湧的，內氣是極富生機的，不是懈漫，了無活意的。

筋骨拔放展開，內氣注入了，生機才能起動，命意源頭才能欣欣向榮。

筋脈骨膜，注入了豐足的內氣，積久而斂氣成勁，內家功體逐漸建立起來。

之後，就是「九煉成鋼」，這個「九」，通「久」意。生鐵要鑄成鋼，就是要久煉，燒後再打，打後再燒，終而煉鐵成鋼。

成鋼後的鋼鐵，不是生硬的，它是鋼中帶柔的，是有Q彈之性的，是不易折斷的。

好像揉麵粉糰，揉之再揉，揉後再甩、再打，甩打之後再揉，千百回合後，這個粉糰才有有Q彈之性。

內家拳就是在練這個Q彈之勁，不是練死力，不是練硬力，不是用蠻拙之力練硬拳。

　　內家拳的實體，最終的果，就是成就 Q 彈活絡機動的內勁，要成就這個果，先要肇因，這因就是「空空靜靜」，但是「空空靜靜最難求」，空空靜靜最難悟，悟錯了，就相差十萬八千里。

　　如果把空錯解為空無、頑空，認為只要憑空想像「自己身體空掉了」，就以為是真空了，那麼在遇到真正的格鬥實戰時，恐怕不是那麼一回事，被重重的一擊，打趴在地上是那麼的現實。或許，只有在被揍後，才能改變這些空無虛幻的妄想吧？

　　空，不是空無，不是空掉自己。空中是存在著妙有的，從拳術的角度而言，這個妙有，就是內勁功體的實現存在。

　　這個功體雖然實現存在，但卻不執著它，能夠看淡這個成就，不要把這個成就一直扛在身上，成為一項無形的負擔，成天擔心人家來踢館挑戰。

　　心有負擔，則不能清靜，不能心安，這樣，內氣就會渾濁散漫，功體也會消減。所以武功成就之後，更要低調，更要謙遜，不宜去炫耀自己的功夫。

　　很多人在網上播放隔空打牛雜技，總有一天，會有人去找他試功夫，拆他的台。他也要時時提防人家來切磋，來較技，這樣，內心能靜嗎？能空嗎？

　　空空靜靜，確實是很難做到的，只有從心性上去修煉，武術家最終總要走上修行之路，這樣武功才能百尺竿頭；若不修心，永遠只是一個庸俗的武夫。

得來萬法皆無用

　　什麼是「法」？

　　一切現象、理論，以及事務演變的程序，就稱它為「法」，也就是一切物相、事理的總名。

　　譬如：站樁，是一個法；基本功，是一個法；盤架子，是一個法；推手，也是一個法；實戰格鬥，也是一個法。

　　練拳，從基礎開始，到功體的成就，以及技擊用法的完成，每一個過程，每一個階段，都是一個法。

　　修煉內家拳，為了成就內勁功體，以及實戰時所必須具備的聽勁感應，與懂勁的神明功夫，之間所要練習的法，是無窮無盡的，也可以說是要學習「萬法」的，這個「萬」是表示甚多之意，並不是真的要學練一萬個「法」。

　　這個「萬法」是指各種功體與用技而言，譬如，以形意而言，要先學樁功，樁功裡面有很多的樁法，如渾元樁、三才樁、歡喜樁、虎坐樁、達摩樁等等。拳架中有五行、十二形；套路有連環拳、四把、八式、十二橫拳、雜式捶等；在兵器上有形意拐杖、形意長棍、形意純陽劍等；在層次上，有明勁、暗勁、化勁三階，這些林林總總，都屬於形意的法。

　　形意，五年小成，十年大成，這是指心志不退，持

續不斷的修煉者而言，若是練練停停，一日捕魚，三日曬網，有一搭沒一搭的，則不在論說範圍。

法，是必須的，而且是要正確的。法，包括實體的操作，以及拳理的論述。

法，必須合乎常理、常態。正常、正當的拳，都是很平常的，不會有怪力亂神之類的超能力與特異功能。那些隔空打牛、隔空發勁的騙人把戲，要用慧眼去辨識，才不會浪費寶貴的時間與金錢。

還有，不宜輕信坊間的「秘傳」功夫，如「某家秘傳」、「某氏秘傳」等等。太極、內家拳所有的秘，都在拳經、拳論、行功心解等裡面，此外別無秘。

閱讀拳理，當以拳經、拳論、行功心解等為指導原則及驗證標準，在實際操練當中，互為印證，勿信一干偽師所主張的「空無」、「頑鬆」等理論。

如此練去，時間到了，悟性開啟了，自然水到渠成，勁成功就。

前面所列舉的功法，都是具體而有形的，都是到達彼岸所必備的筏舟載具，當我們已經到達彼岸時，這些筏舟載具，就要放下了。

明勁、暗勁都已然成就，就要進入「化勁」的領域，把有形的化為無形，武功的最高境界是無形的，形意拳家說：「有形有意都是假，技到無心始見奇。」

拳術在搏鬥時，如果還「有拳有招」、或「見招拆招」，這些都是假的，只有神靈乍現，忽然驚爆，才是神乎其技，這個神技，已經超出「有形有意」的拳態，進入

到「感而遂通」的神明境界，也將進入到「與道合真」的境界。

萬法歸一，復而歸無。易經與道家的說法，無極生太極，太極生兩儀，兩儀生四象，四象生八卦，進而萬物生。太極與道相通，萬物、萬法由太極所生，由道所生，最終還歸於無極，返璞歸真。這是道家的說法。

所以，一生萬法，萬法歸一。萬法無法，是法的至高境界。

初學象棋，要先知道各個棋子的走法，然後學佈局，學算步與暗盤。在熟稔戰技兵法之後，則是視對方的舉棋動靜而施運，用的是活棋、活法。

一個作家，初學寫作，要學造句遣詞、故事的佈局、體裁格局，這是寫作之法。

大作家則不拘形式，文思如泉湧，思潮在哪就寫到哪，不再有體裁侷限。

打拳也是一樣。隨興而發，不拘於定式的套路，不圍於制式的角度、方位、步法，隨心所欲，呈現自己的風格，不再為模具所套，活出了自個兒。

萬法是活的，不是死的；先初的學習，只是一個過程，只是一個過渡時期。當這些法，已經融會貫通了，就能舉一返九，溶於一爐，神變無礙。所以，原先的法，經過溶解重鑄，煥然一新，改頭換面，成為另一個精品。

戰技在運用的時候，不是原來練的那式與定招，而是如心所欲的活化，是千變萬隨的虛實改造，是萬沙融會一石，是萬法匯成一法。

雖說萬沙融會一石，然石中仍有沙的質量；雖說萬法匯成一法，然一法中仍有萬法的內涵。

佛法有八萬四千法門，當一個修行者悟道時，見到了自己本來的面目，識自本心，那麼所有的法皆應放下。

《金剛經》云：「汝等比丘，知我說法，如筏喻者，法尚應捨，何況非法。」如來所說法都是幫助眾生脫離生死苦海，達到涅槃彼岸的一種方便法，一旦開悟了，這個法就不要再執取了。

如來說：「法尚應捨，何況非法。」什麼是正法？什麼是非法？

念佛、頌經、持咒、打坐等都是正法；與佛法修行無益者，譬如經營宮廟、販賣神像佛珠營利、搞算命、神通、詐騙等，都是非法。

凡是非法的，都要捨棄。正法在得法後，也是應捨。

「得來萬法皆無用」並不是說學得的法都沒有用，而是說，要會捨，不要執著；有了執著，就是一個負擔，有了負擔，就不能自在。

練拳，非常辛苦，十年才有成就。可是這個成就，若是執取不放，內心就不能輕安，因為有了名聲後，所有言行都會受到檢驗，稍有閃失，就會留下某些遺憾。你 PO 一張拳照，演練一段拳路，發表一篇文章，多少會有些評語，或不同的論見。

所以，習拳有成之後，更要放低身段，不宜以名師而自居，不宜自立宗派而傲人。

「得來萬法皆無用」，萬法得之不易，為何說「皆無

用」呢？

　　事實上不是真的無用，而是不用，不炫耀，不招徠，是一種「隱藏於密」，不顯露而已。

　　中庸子程子曰：「不偏之為中，不易之謂庸。中者，天下之正道，庸者，天下之定理……放之，則彌六合，卷之，則退藏於密。」

　　心，放開則充滿天地，收回來則密而不見。一切有情眾生，都是「大自然」之一份子，都是一個小宇宙、小太極，然而卻與大道無異，大道無形，大而無外，小而無內，真空妙有，這就是道家所說的「道」。

　　萬法，是學拳的歷練；萬法，是修行的資糧。學拳要修學萬法；修行也要修學萬法。

　　萬法即成，退藏於密，放彌六合；空而不空，似無而有。

・學過、練過，
　並不表示就會了。
・練之再練，
　會有更深層的體驗。

第三十六章

身形應當似水流

　　身形，包括身體內部與外形態勢。

　　都應當如水流似的，潺潺而行，沒有造作與絲毫的勉強。

　　水流，顧名思義就是水的流動，源源不絕，源遠流長，是一種活水，活動的水流。

　　《呂氏春秋‧盡數》曰：「流水不腐，戶樞不蠹。」意思是說，流動的水不會腐臭，常轉動的門軸不會被蟲蛀蝕。

　　身體應當常常運動，才能使氣血循環正常，得到健康，不會生病。就像水流暢通了，不會有阻塞，不會發臭。

　　俗話說：「通則不痛，痛則不通。」所以要經常打拳運動，更要日日行功運氣，使氣血在體內流轉無礙。

　　打拳是一生的事業，不只是為了健康，也能成就武功。

　　當功夫經過長久的修煉，達到無形無相的化勁境地，修煉者的身形，應當像流水一般，隨勢而行，沒有定式，沒有制式，沒有任何的拘泥。

　　這種境地，就是「拳無拳，意無意」的境地，身形趨於自然飄逸，不須再有任何的矯飾。

有人打拳，眼光斜視，嘴角抿翹，一副傲慢相。有人打拳，頭上放一只瓶子，表示他身形中定平衡。有人打拳，鼓氣弩勁，奮力撞擊，面紅耳赤，氣喘難息。有人發勁，找些演員搭配，凌空而出，眾皆撲倒。

這些林林總總，都是刻意的做作，失去了自然，突顯了個人的增上慢。

水處卑下，往下流，這是水的「形」。

人心高慢，睥睨向上，傲視人群，這是增上慢者的「態」。

身形是態樣的呈現，相由心生。

一個武者，要低調，要像水流般的卑下柔和。

形意鑽拳，在五行中屬水，練成鑽拳後，性格會變得沉穩謙和，皮膚質地都會改變，聲音非常悅耳，心思會變得很縝密，以前老輩拳師不識字，可是氣質高雅，很有涵養，因為形意是內家拳，不但改造人體還改造心性。這一段是以前形意老前輩說的話語，可供參酌。

身形像水流，要如何才能做到呢？

第一、無思無慾

無思，並不是說沒有思想，沒有思維，像個白癡一樣，而是形容胸襟要開闊放遠，沒有什麼妄想意圖牽掛在心頭，也就是說，不要刻意去算計權謀之意。

無慾，不是說什麼慾望都沒有，若是什麼慾望都沒有，連一個企圖心都沒有，那就沒有進步的動源，失去了奮發向上的意志。練拳，如果缺乏這個鬥志向上的心，功

夫就不能增上。

所以，無慾，是指不要有過多的無益妄想，因為這些的無益的妄想，純是一種虛榮心的作祟心理，與實際生活是無實質益處的。

只有把這些無實益的慾望看淡，只有把過多的雜念妄想排除，內心才能得到真正的安靜。

第二、心靜氣動

心若能靜謐、靜止而不動，在心靜體靜，內心真正寂靜時，會自然產生氣動現象，這就叫做「靜中觸動」，產生自然的電能。

此時，心要把持住，不可過喜。雖然「靜中觸動」，更要保持「動猶靜」，內心還是要保持寂靜的，不要因為氣動而心境跟著動搖起來，這才是真正的靜。

太極拳練到真正的靜，丹田的氣，全身的氣，都會熱騰起來，動盪起來，所以靜極是能生動的。在站樁的過程中，如果能一心不亂，也會有氣動的現象發生。

太極十三勢歌，有一句叫「腹內鬆淨氣騰然」。腹內的氣，要怎樣才能鬆淨呢？除了肢體的鬆柔盡靜之外，內心更要保持輕鬆安定。行功心解云：「先在心，後在身，腹鬆，氣斂入骨。」從這裡可知，「心」是比「身」更重要的，所以說「先在心」，心輕鬆安靜，身體才能鬆柔的。

心如何才能輕鬆安靜？清心寡慾，少欲無求，才能心平氣和。慾望太多，煩惱就無窮無盡，不得安寧。

心平氣和，腹內的氣也就鬆緩了，氣就會騰然起來，像水流一樣生生不息。

第三、身心鬆柔

1. 先說身體的鬆柔

大家都知道學太極是講求鬆柔的，但這個鬆柔，絕不是懈懈垮垮的頑鬆。

老子說：「專氣致柔，能嬰兒乎。」所謂「專氣」就是將體內之「氣」專集統攝起來，將精神、元神往內收斂，並且沉守匯聚於丹田。

「氣」這個寶貝，如果沒有把它守顧好，它就會漫亂、散失。

「專氣」就是將寶貝的氣，與心相守於丹田，心息相依，不離不棄。

「專氣」為何能使身體「致柔」呢？因為氣能驅血而運，血是熱的，氣也是熱的，當腹內的丹田鬆淨了，氣自然會「騰然」起來，就會滲入筋骨裡面去，使骨質充實，使筋膜有柔韌Q彈的效果，在內家拳來說，此乃內勁能量之斂聚於筋骨。

這就是老子所謂的「專氣致柔」的道理，能專氣致柔，就能返老還童，像嬰兒一般。以練拳的立場而言，能專氣則可成就至柔的內勁功夫。

練太極拳，大家都知道要「鬆」，但都疏忽了「專氣」兩個字，沒有「專氣」是不能「致柔」的，是不能成就功夫的，是無法練出太極內勁的極堅剛上乘功夫的。

柔，像水，能載舟也能覆舟，能溫雅含蓄，也能毀天滅地。

所以，身形欲達到似水流的境地，只有透過專氣致柔的修煉過程才能達至的。

2. 次說心境的鬆柔

心地的鬆柔，就是淡定。定住心性，看淡一切。

功名利祿，都是大家所想要擁有的，而且越多越好，如果一直往上求取，心就永遠不得平靜安寧。

練拳的人，想要的就是好名聲，如果真有好功夫，受人尊敬，這原是無可厚非之事。

然而，現今有些武術撈仔，為了名聞利養，不擇手段，沒功夫也假裝有功夫，裝神弄鬼，結果上了擂台真打，七秒就被打趴，毫無招架餘地。

有些偽師收買些演員學生，耍玩隔空發勁，招徠無知的學生，騙取學費，讓武界蒙上陰影，這些都是心境不清潔的原故。

食、衣、住、行都要看淡些，吃，營養夠了就好，不必大魚大肉，滿漢全席；衣，不必穿名牌，不要買皮草；住，能遮風避雨就行，不必豪宅巨廈；行，不必雙B，國產即可，捷運也行。

權勢名望，如過眼雲煙，不會久留。財產、親屬，一世而已，不必眷戀。

若能看淡，心胸舒坦，沒有負擔，心地平靜。

以上是說淡。那麼，定呢？

定，就是不動心，如山不動，屹立不搖，如水止靜，

漣漪不起。

　　心，定住了，不為外物所動搖，才能真正的安靜下來；心若還有所思，那個靜是刻意去克制，只是暫時的降伏。金鋼經說：「應無所住，而降伏其心。」也就是說，心不會再被瑣碎的事物所牽絆駐留，這樣才能真正的降伏這個猿馬之心。

　　內心淡定了，就如浮埃慢慢地沉澱，終達於止靜的地步，這樣真氣就會顯露出來。

　　身形應當似水流，是一個譬喻形容，事實上就是真氣的自然流行。

- 餵勁，
  是搭一座橋讓你過，
  是造個台階讓你下，
  是弄個梯繩讓你爬。
- 餵勁如餵奶，
  初時由母餵，之後自找奶；
  若常靠人餵，必定餓肚皮。
- 不諳餵勁技，哪堪為人師。

第三十七章

手用什麼來著？

手的用處，多著呢，抓、拿、提、握、砍、切、撩、擋、格、架、沾、黏等等，身體每有所動，就離不開手。

內家拳練手，不提倡劈磚、砍石、打牆、推樹，以至於打沙包、打死的木人樁等等，這些都是屬於太極拳論所說的「斯技旁門」，非關「學力」而有為也。

「學力」，不是學習力量，不是去學習這些劈磚、砍石、打牆、推樹、打沙包、打木人樁，不是練這些硬東西、死東西。

「學力」，是一個倒裝句，白話是「力學」，是努力用功學習之意。太極拳論的意思是說，這些林林總總的「斯技旁門」，這些雜技，與努力用功學習是不相關的，練了這些雜技，與成就內家功夫是一點關係都沒有的，因為這些「斯技」是無法成就內家功體的。

學練這些死硬的「斯技」雜藝，只能練成滿身的蠻力、硬力，與內家拳是背道而馳的，越往這個方面去追求，離內家拳就越來越遠了。

那麼，手到底要怎麼練？

在鬆中去伸筋拔骨，在柔中去驅氣運勁。

鬆柔，是練手勁的不二法門。手的勁有掤勁、沉勁，其實都是一個質量。

鬆是沉的因，沉是鬆的果。如是因，如是果。

手，伸出去，不用一絲拙力，把筋微微伸展著，透過意念導引，內氣就會注入筋脈骨膜之中。

內氣經過長久的聚集，就會慢慢地斂入筋脈骨膜，成為內勁質量。

內勁是暗藏、內藏的，肉眼雖看不到，但卻是有其真實的質量；既有質量，那麼在極鬆之中，即能感知這個「沉」。

這個內勁「沉（成）」了，太極八法，也就成就了，也就會用了。

八法之首，掤勁。

何謂**掤勁**？名家說：「掤勁義為何：如水負行舟，先實丹田氣，次要頂頭懸，全體彈簧力，開合一定間，任有千斤重，飄浮亦不難。」此說深奧又抽象，不是每個人都看得懂。

講白話一點，掤勁像海水能承載巨艦而不沉墜，水的翻浪力也可把巨艦打翻，以拳的立場而言，就是可化、可打之意；有承載之卸力，也有攻擊破壞之力。

這個掤勁要如何鍛鍊呢？

「先實丹田氣」，沒有丹田氣的培育養成，就沒有掤勁可說。也唯有丹田氣的飽滿圓實，才能透過意念的導引，將丹田氣引領到手臂，久而滲筋透骨，斂氣而成就手的掤勁。

「次要頂頭懸」，頂頭懸就是虛領頂勁。虛領頂勁與虛靈頂頸，是同一意思。

古人留長髮紮辮子，辮子往上拉，頭挺直就有了精神。練拳時，頂頭懸，氣達百會，使頭腦清晰有生機，這樣，氣貫於手臂就順當了。

「全體彈簧力」，練內家拳就是在練這個 Q 彈的彈抖勁，不是練硬力、死力，不是用手去練擊破這一類的「斯技」。

這全身的彈簧力，由何而來？由伸筋拔骨，鼓運丹田氣而來。丹田氣飽滿圓實了，意念可以驅策它，經由行功運氣，而氣遍周身；透過盤枝伸臂，而力貫膀臂，成就手的掤勁。

「開合一定間」，丹田氣的鼓盪，有開有合，蓄勁（吸氣）為合，放勁（吐氣）為開，原則性是如此。

運氣或運勁，雖與開合、蓄放及呼吸有原則性的搭配，但也是富於變化的，隨著虛實的轉換而變化呼吸，變化開合，才是正確的。

行功心解說：「能呼吸，然後能靈活。」要學會呼吸，懂得開合之理。打拳涵蓋外表肢體的開合蓄放，以及內裡丹田氣的蓄放、吞吐、與開合，這樣才能達到「從心所欲」的境地，也就是「靈活」的境地，這就是「能呼吸，然後能靈活」的真正意涵。

所以，太極拳的呼吸開合，雖在一定間，雖有程序上的軌道，但不是一成不變的，隨著虛實的轉變，煥發不同的色彩。

「任有千斤重，飄浮亦不難」，這是說掤勁的效用，成就了掤勁，就能「任他巨力來打我」，「飄浮亦

不難」，他雖有巨力、有蠻力，只要成就了掤勁，他的巨力、蠻力著到我身，就能使用掤勁，使他的根盤飄浮起來，拔動他的根，一點也不困難。

　　手的掤勁、沉勁或者說是內暗勁，是透過這樣柔和的伸展筋骨，讓丹田氣注入，而匯集斂聚，終而成就了手臂的防禦與攻擊力道。這個內勁功底一旦成就，則能保任不失，不會像硬拳會隨著年齡的增長與體力的消失，而失去原有的大部分功力。

　　以武術的技擊立場而言，手臂不僅是防禦的工具，也是攻擊的利器，它需要有靈敏的反應機制。內家拳不只把手臂練就極堅剛的內勁，還有透過推手沾連黏隨的聽勁訓練，而成就了自然的神經反射作用，可以知己知彼，在戰中求勝。

　　某些系統，要練擊破、負重、砍樹、打磚石，這些練法，光看就覺得痛，練拳不須去承受這些不必要的痛苦。這些苦痛，不僅破壞神經系統及筋骨，失去敏捷的反應能力，也會留下或多或少的病變後遺症，到老方知。

　　練手的勁，要求完整一氣，也就是說要有整勁的體現，要展現出周身一家的氣勢。某些練家，著重於手的局部力，只看到手在那邊舞來揮去，沒有腰腿的搭配，也看不見腳底入樁與運樁的態樣，我把這種拳勢說成「弄屎花」，乃名副其實也。

　　太極拳經云：「其根在腳，發於腿，主宰於腰，形於手指；由腳而腿而腰，總須完整一氣。」所以打拳，手是被動的，是被腳、腿、腰所牽動的，被牽動才能顯出整

體性，才有完整一氣的架勢，若只是手動，局部動，就是「弄屎花」。

手的被牽動，被拖曳，以及被拖曳時與空氣阻力產生的磨擦，在行拳盤枝走架當中，就會把手臂的筋骨拉長放遠，使得丹田氣能順當的輸運進去，也因為如此，可讓筋脈充滿生機與彈力，太極內家武功中的彈抖勁，是這樣而成就的。

彈抖勁的成就，在出拳時，就能疾快迅速的彈抖；透過丹田氣引生的快速彈抖，才是真正不破的「唯快」。而且，這個彈抖勁，不僅是唯快而已，它能使力道更集結、更含束，更有爆發力。

所以，手是這樣練的，是這樣用的；手不是用來打牆壁，用來砍磚、擊破與負重的。

有太極名家說：「手是用來打人的」，這話好像很粗魯，但是以武術的攻防立場而言，他強調的是手的功用，要把它用對地方。若是用錯了，把它拿來擊石砍磚，就是破壞了這個寶貝的手，這不是智者的練法。

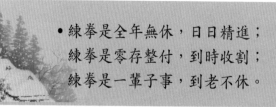

- 練拳是全年無休，日日精進；
  練拳是零存整付，到時收割；
  練拳是一輩子事，到老不休。

蠕動拳

　　打拳有正規打法，有變通打法。

　　正規打法，就是按照正常的規格、正常的招式，規規矩矩的打。

　　變通打法，它的外表形式則是有所變化，與正規打法是大異其趣的，雖然它的招法、形式有所差異，然而內涵是沒有脫離原有的拳意與拳韻的。

　　蠕動拳，是我練拳的一種變化心得，這並不是我故意標新立異，搞一些奇特。

　　每個人都有蟄伏不想大動的時候，有時是因為身體疲乏，或精神不濟，或有微恙，或肢體受傷，不便活動，或天氣太冷，窩在棉被裡不想動，等等，在這種情形下，可以練練蠕動拳，不需耗費體力，卻可以達到練拳與練功的效果。

　　蠕動，望字生義，就是爬蟲類的緩慢行動，譬如毛毛蟲、蚯蚓以及蠶類的蛹動等等。

　　蠶吐絲作繭，在繭內的小天地，如何活動的呢？在繭圈內的蛹，好像死去一般，沒有動轉，而事實上，它的器官還是有活動性的，看似蟄伏不動，卻還是有生命力的細微動止的。

　　蠕動拳，仿傚這些小爬蟲類的蛹動，在微不足道的小

天地中去蠕動。

躺在床上，兩腿向內曲，腳掌心相貼，腳跟盡量靠近「會陰」處；兩手相疊輕輕地放在小腹丹田處，頸部平直放鬆。

先做調息，用丹田吸一口氣，丹田內收，令氣貼於背、貼於命門、貼於夾脊；吐氣時，則任由自然，讓氣回歸於丹田。

利用形意五行拳，劈、鑽、崩、炮、橫五形來進行蠕動。

手腳不動，只有意動、氣動。

依各形之身樣，動臀、動盤骨、動胯腰、動胛肩。

脊柱可直立自轉、圓轉，也可如毛毛蟲似的一節一節的蠕動。

胯有左右、上下或呈 S 型轉動，肩胛也是一樣。

這些動，都是微動，像毛毛蟲一樣，微微的、慢慢的、輕輕的，似有似無的。

丹田氣要先動，領著身軀去微動，腳及頭部保持不動。也就是說，四肢似乎是不動的，只有身體在動，只有五臟六腑在動，簡單的說，是身軀的微動，與內裡的丹田氣互相領動，達到運動內臟的效果。

身動：有擺動、扭撐動、晃動、振動。

氣動：丹田內轉、鼓盪、驅動、摺疊。

動向：有左右、上下、前後、波浪型、S 型、還有渾圓立體之動。

蠕動拳，乍看似乎因為少動、微動的關係，好像活

動、運功的效果會落差很大，事實也不見得。

　　由於四肢的不動，在蠕動中，因四肢梢節的止動，在行使二爭力時，筋的扯動牽拉，不會因為伸展尺度的限縮而受到影響，反而由於四個梢節的不動，更增進四個梢節以內範圍的筋，牽扯的質量更大，它是一種反逆向的折回牽扯，沒有順向的阻力被無形的消解。

　　打個譬喻，推一片堅固的牆，牆不動，推出去的力量就凝聚在牆面與手相貼處，可以感覺腳樁的力能。

　　推一個會滾動的巨石，由於它會滾動，所以在滾動的時候，就集結不到力源，也就是說，會有落空、打空的現象，這就會影響練功的效果。

　　一般人站立打拳，由於沒有一片堅固不動的牆阻著，或其他的物體來阻礙，所以阻力會被消減，這樣打拳覺得空空無物，影響運氣與運勁效果。行家打拳則是運用了二爭力原理，自己去營造阻力與往復的摺疊力，所以能將內氣與內勁呈顯出來。打拳是須要阻力的，因為阻力可使氣與勁的行運，得到更好的效益。

　　躺著蠕動練拳有很多好處：

　　第一，因為微動、少動，不會過度透支體力。

　　第二，減少膝蓋的承受力，避免膝傷。

　　第三，由於少動，體靜，心也能平靜。

　　第四，可以全心的照顧丹田氣的流向，帶著氣去運行周身。

　　第五，算是正式練拳之前的熱身，可以省去熱身運動。

第六，增加腰脊的活動力，減緩腰痠背痛。

第七，因腳掌的相貼，相磨蹭，使得腳掌的穴道得到按摩，增進氣血的循環，而且在二爭力的行使中，更能使兩胯的撐持力加大，進而使兩胯的伸展更深闊與鬆開。

第八，由於背脊貼在床面，在蠕動時，能磨擦兩腎、命門、腰脊，使背後的督脈的氣血流通更順暢。

第九，因四肢梢節的止動，在身軀蠕動時，會促使肩胛關節及胯骨關節形成一個轉骨輪的自轉功能，使兩個大關節周邊筋脈，邁向拉拔鬆開佳境。

第十，由於少動而至止動，身心能趨於平和安靜，更進一步的達到內觀、止觀的修行境地。

蠕動拳，可以躺著練，也坐著練。坐著可以雙盤腿練，如果不能盤腿，則立坐腳著地亦可。

那麼，站立著可以練蠕動拳嗎？當然可以，原則性是相同的。

所以，在看電視時，在與人閒聊時，在等人時，無處無所，隨處隨所，都可以練這個蠕動拳，在等紅燈時，在排隊時，時時處處，均可練拳。

在公共場所人多處，你大概不會正經八百的打拳吧，但你可練一練蠕動拳，別人不知曉你在做什麼。

無聊的時候，來一趟蠕動拳，豈不樂乎？閒著也是閒著，浪費了時間。

時間是寶貴的，功夫是靠時間累積而成的。

第三十九章

寧在一思進，莫在一思停

　　「寧在一思進，莫在一思停」，此語是電影《一代宗師》劇情裏的經典辭彙，它真正的意思是什麼？只能由看者自行解讀。

　　一代宗師裡，馬三說：「寧在一思進，莫在一思停。」馬三的意思，此「進」乃是他投靠日本人的一個階梯。

　　劇情中，宮二也說：「寧在一思進，莫在一思停。」因為宮家受盡欺侮，他沒退路，所以只能繼續的往前走，不能停。

　　這部電影似乎是改編自岳武穆相關的形意拳，形意的長槍在後面追著，你只能向前衝、向前進，一停歇就要被刺，所以「只能一思進，不能一思停」，停就要中槍了。

　　話雖如此，然而兵法無定法，拳法無定法，或許可以來一記「回馬槍」，就看是否能巧妙運化。

　　「寧在一思進，莫在一思停」，有很多的譬喻。

　　拳術的格鬥，講求氣勢，有氣勢，則勢如破竹，勢不可擋。形意的「硬打硬進無遮攔」、「追風趕月不放鬆」，就是一個直逼的氣勢，稍有躊躇，就失去了先機。

　　然而，這個「硬打硬進」這個「追風趕月」，不是盲打瞎進，不是胡追亂趕，若是盲打瞎進，若是胡追亂趕，

恐怕會落入敵人所設下的圈套裡，成為挨打的局勢。

學拳，不進則退；路，不走不到；事，不為不成；學拳、走路、做事不能自封腳步，要勇於向前行。

「寧在一思進，莫在一思停」，進是前衛，停是休息思考。

有人選擇進，隨潮流起伏，去擁抱得勢者的大腿，不顧顏面，只要有利可得，有錢可賺，哪還管得了什麼禮義廉恥。這種進，就是盲進，瞎了眼，昧了良心。

有人選擇停，蟄伏不動，不想動，懶懶散散，沒了衝勁，失去了鬥志。在商場中，停下來就要被打，就要被淘汰出局。採取被動，就會失去先機。

拳技講究得機得勢，失去了機勢就會落敗，就會挨打。得機得勢，要反應在先，要「敵微動，我先動」，若要等待敵動後拳已逼身，再做反應，已是慢了半拍，失了機勢。

在武術的格鬥之中，是分秒必爭的，是要進退有據的，該進則進，該退則退，當發則發，當化則化，分毫都要拿捏得當。最怕的是停在那邊，躊躇猶疑，不進不退，死當在那邊，只有挨打的份。

譬如打網球、羽球、乒乓球等等，若對方的球離開了球拍，你再做反應，一定會慢人半拍，被挨打。

所以，要從經驗中去預計對方的發球的力向、力道、力距、以及神情、姿態等等因素，掌握應付的契機，而做適當的反擊。

打棒球也是一樣，當投手弓身蓄勁奮力一投，在球剛

離手的瞬間，打擊手就要立判這球的方向、落點、球速的快慢與變化，馬上作出揮棒的正確決定，稍有猶豫，就會揮棒落空，被三振出局。

「寧在一思進，莫在一思停」，此語出於形意的七拳論。七拳指的是人體的頭、肩、肘、手、胯、膝、足七個部位的用法。

形意拳譜載：「頭打落意隨足走，起而未起占中央。腳踏中門搶他位，就是神仙亦難防。肩打一陰反一陽，兩手只在洞中藏。左右全憑蓋他意，束展二字一命亡。肘打去意上胸膛，起手好似虎捕羊。或往裡裹撥一傍，後手只在肋下藏。拳打三節不見形，如見形影不為能。寧在一思進，莫在一思存。寧在一氣先，莫在一氣後。胯打中節並相連，陰陽相合得之難。外胯好似魚打挺，裏胯藏步變勢難。膝打幾處人不明，猛虎好似出木籠。和身展轉不停勢，左右明撥任意行。腳打踩意不落空，消息全憑後足蹬。」

這個拳譜說明了七拳的打法，中間更插入了一個重點，就是「寧在一思進，莫在一思存。寧在一氣先，莫在一氣後」。

武術競技要一氣在先，以氣領勢、以氣驅身，所以說「寧在一氣先」。

「莫在一氣後」，若落於一氣之後，氣勢就沒有了，就沒落了，就要落敗了。

所以要在一氣之先，莫在一氣之後。

「莫在一思停」，原譜為「莫在一思存」，也有載為

「莫在一思忖」。「存」是存在而不動,與「停」字義相近。「忖」是忖度、思量,也就是暫時停留在那邊思考、計謀。其實三者的措詞都是近似的。

有人解讀這個「寧在一思進」的「進」,應該是「快」的意思,認為形意動作豪邁緊湊,腳到手隨,一發即到,講究直穩、綿緊、疾速,因此把「能在一思進」的「進」,註解為快速前進之意,與原意似乎也沒有出入。

「寧在一思進,莫在一思停」,重點在於「一思」與「進停」。

前句的「寧在一思進」,它有兩個義涵:第一是鼓勵為人處事,要奮發前進,不可躊躇滿志,不思百尺竿頭更進一步。第二是在說武技的應用,要當機立斷,明快抉擇,要攻要打,不可失去機勢。所以這個前句的「一思」是瞬間思維,一閃即過的,不能停留在那邊,傻乎乎的愣在那邊思思慮慮的,等人挨打。

後句的「莫在一思停」的「一思」也有兩個義涵:第一是勸人不要猶豫不決,不要猶疑不斷,你不能立判做下決斷,不論是在事業上、商場上、感情上,都將會受到阻撓與干擱,失卻良好的時機。第二也是在說拳術的應用,你如果一思過久,滯礙不通,變化不靈,鐵定會吃下敗仗,鎩羽而歸。

所以,這個「一思」,要思的妥當,思的正確,思的快速。

那麼,「進停」呢?就是要知所進退,不宜盲進。也不宜推諉怠慢,因循苟且。

　　練形意，是勇往直前的，是壯闊果敢的，然而這個勇直的前進，是要運用智慧的，它不是躁進，不是瞎闖，不是悶著頭胡亂的進。形意的硬打硬進，涵蓋著靈敏聽勁的變化，是一種階及神明的奧妙武功。

　　「停」是一種適當的休息；適當的休息，是為了走更長遠的路。「停」是一種暫時的止動，暫時停歇思維，思維如何再進一步，思維如何再升一層樓，達到最高的峰頂。

　　《六祖壇經》說：「不思善，不思惡。」內心一片清靜，就是沒有善惡之分。六祖壇經說，惠明為了強奪衣缽，追上了六祖，但是惠明提掇衣缽而不能動，內心震驚，因此屏息諸緣，不生一念，鎮靜下來求法。六祖說：「不思善，不思惡，正與麼時，哪個是明上座本來面目？」惠明言下大悟。

　　強奪衣缽，是一個惡念；瞬間的悔過，是一個善念；善惡只有一線之隔，就看人如何取捨。惡念不可有，惡念不可停駐；善念須要有，但不要執著，這就是不思善，不思惡。

　　《黃帝內經》曰：「無思無慮始知道。」什麼是「無思無慮」？無所用心，胸襟開闊，沒有什麼可放在心上牽掛的。唯有心中清靜，無思無慮，才能明白什麼是「道」。

　　《清靜經》云：「人能常清靜，天地悉皆歸。」這是說，人如果能內心保持清靜，宇宙天地間的正氣，就會回歸到自己的身上來。

《莊子·天地篇》云：「德人者，居無思，行無慮，不藏是非美惡。」

莊子說，有德行的人，日常生活行、住、坐、臥，都是無思無慮的，心中不會駐藏是非善惡的。

《易經》曰：「無思無慮，寂然不動，感而遂通。」

心中無思無慮，才能寂靜，心不動，才能與天地之間的正氣，互相感應而致通達的境地。

「寧在一思進，莫在一思停」，在思進、思停當中，要有另一份「無思無慮」的「思」維。

- 何謂老實練拳？認真的要求自己主動練拳，每天按時操課，細心思維。
- 練拳是為自己而練，不是為老師而練，不是為他人而練。
- 練拳是自己的事，是一種自我的要求，自我的惕勵。

道成莫外五真形

形意拳經云：「混元一氣吾道成，道成莫外五真形，真形內藏真精神，神藏氣內丹道成，如問真形須求真，要知真形合真象，真象合來由真訣，真訣合道得徹靈，固靈根而動心者，敵將也，養靈根而靜心者，修道也。」

形意拳經說，**混元一氣吾道成，道成莫外五真形**，意思是說，混元一氣是成就功體道果的因，要成就好的功體道果，要從混元一氣去真煉實求；混元一氣就是宇宙間的浩然正氣。

混元一氣是成道之因，那麼，混元一氣要如何修煉呢？從五真形去煉。五真形指的當然就是形意拳的母拳－五行拳。

五行拳，劈、崩、鑽、炮、橫是也。

形意五行拳解云：「五行者，金木水火土之謂也。如人之內有五臟，外有五官，與五行相合，心屬火，脾屬土，肝屬木，肺屬金，腎屬水，此五行之隱於內者。目通肝，鼻通肺，舌通心，耳通腎，人中通脾，此五行之著於外者。五行有相生之道存焉，金生水，水生木，木生火，火生土，土生金；又有相剋之義也，金剋木，木剋土，土剋水，水剋火，火剋金。夫五行見於洪範，而漢儒借之解經，後人每訊其於義無取，而生剋之理，究不為不當也，

拳因之以取名，用以堅實其內，整飭其外，取相生之道，以為平時之練習，強健其身體，增長其氣力，以強身祛病；取相剋之義，以為技擊之應用。」

五行有相生相剋之意，劈拳之形似斧，性屬金，崩拳之形似箭，性屬木；鑽拳之形似錐，性屬水；炮拳之形似炮，性屬火；橫拳之形似梁，性屬土。

由相生之理論，故橫拳能生劈拳、劈拳能生鑽拳，鑽拳能生崩拳，崩拳能生炮拳，炮拳能生橫拳。

由相剋之理論，故劈拳能剋崩拳，崩拳能剋橫拳，橫拳能剋鑽拳，鑽拳能剋炮拳，炮拳能剋劈拳。

受到道家思想的影響，古人總愛把一切事物都套上五行八卦裡，拳術也不例外。事實上，形意的劈、崩、鑽、炮、橫五個母拳，在真正運用時，並非一成不變的，也絕對不是哪一形要生哪一形，或哪一形要剋哪一形的。所有的法，都是要變通的，有變化才有通達；若是固執不變，上了戰場，一定要吃敗仗的。

劈拳：有三個動作，即**拔、鑽、劈**。「拔、鑽」可以連結成一個動作，「劈」為另一動作。

拔鑽為起，劈為落，起如箭，落如風；拔鑽為奇，劈為正，奇正相生；拔鑽為蓄，劈為放，蓄放完整；拔鑽為吞，劈為吐，吞吐自如。

劈拳，又可以拆開單練，分為撤步拔、進步拔、交替拔。

一、拔

　　拔，含有太極「採」的味道，會拔就會採。拔採時像採水果有「頓、挫」之勢，勁要脆而疾，一氣完成；手指有鷹爪之力，鬆緊適度。

　　拔，是一種巧勁，要會打樁，及深諳摺疊技法，才能去接續「鑽」的動作，貫串無隙，成為一勢。

二、鑽

1. 單鑽上步

　　三體式，兩腳肩寬，束身裹勁，氣聚丹田，身子往下落沉，兩手隨體下墜，後腳打樁，借打樁之摺疊反作用力，蹬步前進兩手隨勢往前往上鑽出，左手在前右手藏於左肘下，兩手往外撐勁。

2. 單鑽退步

　　氣往下沉，借著身沉之際打下暗樁，前腳往後撐退步兩手向前鑽出，身體並沒有升浮起來。

3. 交替上鑽

　　是一種步法的練習，左右腳交替換步，配合左右之鑽。鑽要有撐勁，如鑽物一般；腰要撐，襠要撐，腰要落，氣要沉，兩腳有爭力。

三、劈

　　也有進步上劈、退步上劈、交替上劈三式，不再贅述。

另外一種是連環劈，一次連劈三掌，一口氣完成。

劈拳，為形意五形之母，劈拳成就了，餘皆可一併成就。

劈拳歌訣云：「雙榻雙鑽氣相連，起吸落呼莫等閒。易骨易筋加洗髓，腳踩手劈一氣傳。」

「**雙榻雙鑽氣相連**」：雙鑽是指這個劈拳有兩個鑽，第一個是下拔後兩手的拳頭同時往上鑽，上手高與眼齊，下手藏於上手的肘內側；第二個是暗藏手將劈出時，是先鑽出後再往前往下劈的，故為雙鑽。

雙榻是指身榻與氣榻。腰身落沉謂之榻，氣沉丹田，落於湧泉謂之榻。如是為之雙榻，身榻氣榻，內外皆榻也。

還有，拔鑽為奇，劈出為正，奇正互生相連，有蓄有發，氣有吞有吐，中間分兩個息，兩口氣，所以有兩個榻，有兩個氣的運轉。

「氣相連」是說丹田的氣在運轉之時，要一氣連結一氣，互相連結貫串，不可分離斷續。

「**起吸落呼莫等閒**」：形意每個招式都有起落，每個起落都有呼吸的配合，起吸落呼有一定的規矩。呼吸若亂了套，氣就不平整，產生不良的影響。莫等閒，是說不要等閒視之，不要漠視這個起落與呼吸之意。

「**易骨易筋加洗髓**」：形意門郭雲深先生云：「形意拳術有三步功夫，①易骨：練之以築其基，以壯其體，骨體堅如鐵石，而形式氣質，威嚴狀似泰山。②易筋：練之以騰其膜，以長其筋，其勁縱橫聯絡，生長而無窮也。③

洗髓：練之以清虛其內，以輕鬆其體，內中清虛之象。神氣運用，圓活無滯，身體動轉，其輕如羽。」

練形意要「易骨」，練骨髓的堅剛；要「易筋」，練筋膜的伸展充騰。更要練「洗髓」，練神還虛，進入化境。

「**腳踩手劈一氣傳**」：腳踩就是打樁與蹬步，是形意的特色，腳踩手劈靠的是一氣傳，用丹田氣的鼓盪作用，把氣傳到手與腳以及周身。形意拳大師李存義在他的形意真詮中說：「打法定要先上身，手腳齊到方為真；內要提，外要齊，起要橫，落要順，氣要催。」這就是腳踩手劈一氣傳的最佳詮釋。

鑽拳歌訣云：「鑽拳原是地反天，上下同打是真傳，左右相同隨意變，收吸發呼勁合丹。」

「**鑽拳原是地反天**」：鑽拳的打法是由下往上鑽出所以就叫做地反天。

「**上下同打是真傳，左右相同隨意變**」：鑽拳的打法，一手由下往上鑽，一手又上往下蓋按，是謂上下同打。太極拳經云：「有上即有下，有前即有後，有左即有右。」這就是上下相隨，前後互應，左右照顧，隨意變化，隨心所欲；面面俱到，即是真傳。

「**收吸發呼勁合丹**」：這是指蓄勁與發勁，蓄發要合度，配合丹田氣的運轉與鼓盪來運勁與發勁。

崩拳歌訣云：「崩拳屬木疾似箭，發動全憑一寸丹。

跟順變化隨法用，轉身提足把樹攀。」

「**崩拳屬木疾似箭**」：在五行中，崩拳屬木。崩拳的打法是乾脆俐落的，好像射箭一般的疾速。郭雲深的半步崩拳，打遍天下無敵手，是一種疾速的、摧枯拉朽的爆破之力。

「**發動全憑一寸丹**」：發動就是指發勁，發勁全憑丹田氣的鼓運去打樁，一鼓作氣，勢不可擋。丹田氣的運作，只是一個作意，意念一到，丹田氣馬上下達，這丹田氣的打運，只在丹田的方寸之間，故曰「一寸丹」。

「**跟順變化隨法用**」：跟是跟隨，順是順遂暢達，指的是步法、身法、手法的巧妙配合與變化，都是要隨著招法拳勢的虛實而自由變化。

「**轉身提足把樹攀**」：是指崩拳回身式「狸貓上樹」的打法，轉身提足一蹬腳，雙手一鑽一劈成為龍形歇步，以此形容「把樹攀」。

炮拳歌訣云：「炮拳先走虎跳澗，兩劈下裏如搜山。鑽崩之中加化打，提肛實腹水火關。」

「**炮拳先走虎跳澗**」：澗為兩山之間的深溝，炮拳如沖天炮，一點火馬上唰的一聲沖飛出去；要跳過山溝，腿要有很強的力道與沖勁，所以炮拳要打好，先把樁功、蹬步以及打樁躍進功夫先打好。猛虎跳過山間的深溝，後腿須強而有力，就彷彿形意的蹬步。

「**兩劈下裏如搜山**」：炮拳是兩手同進同出的，兩劈就是兩手往下搬攔打，這個式，要落腰胯，要裹勁束身，

將丹田氣束整裹住。

　　搜山與民間二郎神率領眾神降魔的故事有關，傳說中，二郎神與眾兵將搜索山林中各種妖魔鬼怪，這些妖怪或是原形，或化為女身，或為虎、獐、狐、蛇及樹精木魅等等，神兵神將一一搜山追逐，將其抓拿收伏。這是譬喻炮拳一出一轟，如搜山般，將敵人一一擊潰之意。

　　「**鑽崩之中加化打**」：炮拳如向左斜方打，左手是先微往上鑽，再往外擰，擋架或沾黏對方的手臂；右手是直打沖出類似右崩拳，所以雙拳齊出，一鑽一崩，化中帶打。形意的特點是硬打硬進，但這並非盲打瞎進的，而是在兩兵相觸的剎那間，憑著聽勁的覺察反應，是一種沾黏式的化帶打。

　　「**提肛實腹水火關**」：提肛的作用是要接續任督兩脈的缺口，使整個渠道連接相通，增進內氣的運行。實腹就是充滿丹田氣，靠平時的練功養氣，使丹田氣飽滿圓實。

　　水火關：腎在下屬水，心在上屬火，水火相調；心腎相交，也就是陰陽相濟。水是精水，火是溫暖的氣，精氣旺盛則神靈，所以要寶貝儲存精氣。關，是關閉，提肛關閉缺口，令氣不外洩。關閉精水之門，使得精水不漏，而達精氣旺盛，謂之水火關。

　　橫拳歌訣云：「橫拳出手似鐵梁，橫中有直橫中藏。左右穿裹應合意，收勢退橫勁宜剛。」

　　「**橫拳出手似鐵梁**」：這梁乃是樑柱之意，橫拳出手就好像一根橫豎的鋼樑。

「**橫中有直橫中藏**」：橫中有直，直中有橫，橫直互相變化，橫中暗藏直勁。

「**左右穿裹應合意**」：橫拳有左、右橫拳，在左右摩蹭穿出時，要裹勁合意。

「**收勢退橫勁宜剛**」：橫拳為五行之末勢，在收勢時內勁不可懈怠空洞放逸。

形意拳的奧妙，盡在劈崩鑽炮橫這五行拳，故說：「道成莫外五真形」，這個「道」字，在拳中來講，就是指內勁等功體而言的。這個五真形的功體若沒成就，你去練那些劍、刀、槍、棍、棒等等，都是無益的。

內勁功體練出來了，你去使劍玩棍才會有個樣兒，否則都只是「弄屎花」而已，對真正的功夫之求取是無益的。

形意最重要的，就是這五形。五形沒練好，功夫長不出來。地基沒有打好，樓閣建立不起來。

練拳要腳踏實地，老老實實的練，不能好高騖遠，想一步登天，功夫是靠時間累積而成的。內家功夫，是日進一紙，是零存整付，一日一月不覺其多，幾年後，才會發覺成果。

五行拳，易學難精，須用心、用時間去練，只要堅持個十年，戮力不懈，定然有成。

五真形，前面已經作了論述，現在接續往下談。

「**真形內藏真精神**」：是說形意五行劈崩鑽炮橫裡面涵蓋精、氣、神三者。

「神藏氣內丹道成」：神是精與氣合成之結晶，精氣中含藏著神，丹道乃成。

「如問真形須求真」：若問真形如何成就？就是求精、氣、神三者之真成就。

「要知真形合真象」：真形是外五形；真象是在內的意涵，外形須合內象。

「真象合來由真訣」：外真形與內真象之和合，需要真正的口訣與心法。

「真訣合道得徹靈」：有了法訣，符合道的真理，就能顯現清明透徹的神靈。

「固靈根而動心者，敵將（武藝）也」：

什麼是靈根？靈根是指生命的根源。每種生命都有靈性，包括植物；植物吸收天地的靈氣及日月精華的滋養，它就能夠生存茁壯，如松竹之受天地靈氣而長養自己的靈根。

人的靈根乃指精氣神而言，精氣神是我們生命的根源，有了精氣神這個靈根，才會有靈氣。

固靈根而動心者，敵將（武藝）也，這是說修煉精氣神，堅固了之生命的根本，但卻常生起妄心雜念，這樣的功夫，只是侷限於敵將（武藝）的層面範圍。

敵將，依字義解，就是敵方的將領、統帥，也是敵人之首，以這個首，以這個敵將，來代喻武功、武藝的高強。

這句話是說你雖然固養了精氣神這個靈根，但卻常常起心動念，這樣的修煉層次，僅止於武藝這個範圍，太狹

隘了。

「養靈根而靜心者，修道也。」這是說你除了固養自己的精氣神本體之靈根，還能更進一步的止靜心性，至內心寧靜，無為無欲，那麼，你就是一個知道修心養性的修道之人。

這拳經之中，用了好多個「真」字。真，是指人、事、物的本性、真理、真諦、真象，也就是佛家所謂的宇宙的真相。修道就是在求悟這個真相，謂之開悟，悟後起修才能逐步到達佛地。

「與道合真」，是說練拳到了比較高的層次之後，往往會走向修道的層面去，以拳入道，而達到與道相合的境地。

所以，學練形意，要先知五真形的意涵，知後認真修煉，老實練拳；拳藝有成，步上修道之路，這就是「得徹靈」、「養靈根」。

養靈根，而靜心者，就是修道。

- 練拳，不是給人家看，也不怕人家看；
  想給人家看，免不了還存有一分拳的虛榮；
  怕人家看則是內心還缺乏一分自信。
- 練拳，心中只有拳，沒有人、我。

用力與不用力

　　練太極拳到底要不要用力，已經成為現今學太極者及一些「名師」們辯論的熱門話題。

　　有一位不具名的「名師」在網路的某一運動網站發表一篇文章，題名為「太極不用力，用力非太極」，簡截他的論述如下：

　　名師謂：「不用力與用力，是相反、相對的運動方式。一種叫做不用力的運動方式，另一種叫做用力的運動方式。而太極拳需要的是這種不用力的運動方式，只有採用不用力的運動方式，去練習太極拳，功夫才能越來越好，實戰的時候也才能表達真實的太極。」

　　此師主張練太極拳要採用「不用力的運動方式」，功夫才能越來越好，實戰時也才能表達真實的太極。

　　練太極，要「用意不用力」是沒錯，這是「鬆」的要求；但是這個「不用力」的鬆，只是「不用拙力」，事實上練太極還是要用到「四兩力」的，所謂「四兩力」就是拙力以外的自然力，也是人類天生賦有的用力慣性。

　　那麼，實戰時要不要用力？若說完全不用力，那是騙人的，即使你已經練出了「內勁」，在出拳攻擊時還是需要「力」來配合的，最起碼得用「四兩力」把手提舉起來才能出招、發勁的。所以說，主張採用「不用力的運動方

式」來進行實戰，並非定然能表達真實的太極。

名師謂：「王宗岳老前輩提到的『招熟與懂勁』兩個階段，其真實含義如下：

招熟：透過不用力的運動方式，訓練太極拳招式，達到招熟。真正的招熟很難，不用力的運動方式，是需要你不能隨意調動四肢的局部力量，要以整個身形去配合完成招式。」

此言是有語病及矛盾的。他主張要透過不用力的運動方式，訓練太極拳招式，達到招熟。他主張的不用力，就是不能夠隨意調動四肢的局部力量，而是要以整個身形去配合完成招式。意思是局部力屬於用力範圍，要以整個身形去配合完成招式，才是不用力的方式。

請問這位師傅，局部力與整個身形之力的用力方式差異在哪裡？只有局部力是會用力，整個身形力就不會用力嗎？這之間有無矛盾與衝突呢？

名師謂：「招熟的過程，不僅僅是要讓身體在各種狀態下去調整到招式的最終形態，而且在演進過程中，一旦心神不定，就會立即退回用力的運動方式。所以，不管你練習多少年，即使是招熟了，也必定心神專注。因為，不用力的方式，你沒有一個器官可以去具體支配，只有控制了心神，所有器官才能配合，心神一散，就是用力。這樣的招熟，其難度就不用我說了。」

此師說，在招式演進過程中，一旦心神不定，心神一散，就是用力，就會立即退回用力的運動方式。所以，只有控制了心神，心神專注了，因為用了「不用力的方

式」，就沒有一個器官可以去具體支配（用力），這樣，所有器官才能配合（不用力），所以即使是招熟了，也必定要心神專注。

用力與不用力，兩者都是得用意念去操控主導的，並不是說心神專注了就可以達到不用力的境地；也不是說心神散亂了，就會用力。

所以，主張用了「不用力的方式」就沒有一個器官可以去具體支配（用力），所有器官才能配合（不用力），這麼的邏輯推論是值得置喙的。

名師謂：「懂勁：其並非是簡單的發個勁，抖一抖。而是，懂得勁，這個勁的前提當然也是不用力的運動方式。招熟後達到的狀態，是可以將身體在任意狀態都能保持在不用力的驅動方式下，懂勁就需要控制不用力的運動方式去接納對手的力或勁，以及將自己的不用力的運動方式去進攻對手。這一點只用感受過不用力運動方式的人，才能理解，我就不多說了。」

懂勁，是透過推手等相關的運用方式之互相接觸，使全身皮膚、神經細胞等產生靈敏的自然反射作用，達到「知己知彼」的神明階段。所以，懂勁的前提，不是「不用力的運動方式」。

太極拳論云：「由著熟而漸悟懂勁，由懂勁而階及神明。」「著熟」不只是招式、招法的著熟，還涵蓋了樁法、步法、身法、手法以及所有的內勁功體的成就，始謂之「著熟」。這些功體及聽勁反應等等的用法，都「著熟」了，才能漸漸的體悟到「懂勁」這檔事兒，所以，懂

勁的前提，是要歷盡千辛萬苦的修煉與思悟的，並不是只用「不用力的運動方式」而能達至的。

因此，懂勁絕不是「身體在任意狀態都能保持在不用力的驅動方式」，也不是「控制不用力的運動方式去接納對手的力或勁，以及將自己的不用力的運動方式去進攻對手。」

同一個網站，也有一位不具名的「名師」，該網站的小編把他題名為「一個高手的練拳體悟，難得一見的好文！」我也把他截文來參考：

此師謂：「內家不練力也是誤解，其實內家外家練的都是整體力、協調力。

力練好、練整了就出所謂的內力內勁。狹義的力指拙力不可取，廣義的力同勁。」

練力，再好、再強，依然是力，不會是勁。太極行功心解云：「以心行氣，務令沉著，乃能收斂入骨。」這個「收斂入骨」指的就是內勁。

內勁是透過「以心行氣」的運功程序，經過長時間的累積才能成就的。所以，內勁絕非是整體力及協調力所能成就的。力練好、練整了，也不能出內勁的。

什麼是「內勁」？暗藏於內，看不到，謂之「內勁」；力量不管它是什麼樣的力，是整體力也好，是協調力也罷，在外表、外形上都是有跡可尋的，都是肉眼可以感覺得到的。所以，力與勁是有別的。

此師謂：「以科學的態度看待，人離不開地球的重力，武技所能用的主要是地球的反作用力，所發之力絕對

來源於自己的肌肉，太極拳的修煉就是最大程度調動更多的有效肌肉群參與發力，而與此同時又更大程度的讓不參與發力的肌肉群充分的放鬆，這是很難的，所以太極拳難練。」

人是離不開地球的地心引力，但武技所能用的，並非只有地球的反作用力；

地球的反作用力，只是武技所能用的一部分；武技所能用的東西多著呢，包括樁功的運用、掤勁的運用，聽勁的運用等等，不必贅述。

「所發之力絕對來源於自己的肌肉」這話是要被否定的，力是來至於肌肉，是沒錯，但此師所謂的「所發之力」依文中之意，乃是指內勁而言的，而眾所皆知的，「勁是來至於筋」，非來至於肌肉。

他說，太極拳的修煉就是最大程度調動更多的有效肌肉群參與發力，而與此同時又更大程度的讓不參與發力的肌肉群充分的放鬆，此語充滿矛盾與語無倫次。

此師謂：「練得是整體協調力，協調肌肉，如腹肌、背肌、臀大肌等來參與發力的能力，練好了才是內力。」

他所說的內力，應當就是內勁，然而內勁乃是氣的結晶，絕不是協調結合腹肌、背肌、臀大肌等來參與發力，就會變成內勁。

此師謂：「四兩撥千斤要從千斤力練起才是正途，我輩切不可捨本逐末，誤入空談、妄想、妄練、自我陶醉、麻醉的歧途。 ……過分強調四兩撥千斤之巧，太極容易練偏；練成千斤力，四兩巧力用來才更神妙。」

他說，四兩撥千斤要從千斤力練起才是正途，那麼千斤力要如何練起？當然是要透過重力的練習，如舉重等等。這些是屬於拙力的斯技範圍，與太極拳的修煉是背道而馳的，這樣的論述是有過失的。

他認為練成千斤力，比四兩力更神妙，認為「過分強調四兩撥千斤之巧，太極容易練偏」。這顯係想推翻太極拳論「察四兩撥千斤之句，顯非力勝」之言。

太極拳論所謂的「察四兩撥千斤之句，顯非力勝」，是說拙力、重力這些力量並不是致勝的唯一因素，能夠達到「四兩撥千斤」的懂勁神明功夫才是勝妙的。

如果莫名其妙的去練千斤力，即使練成了，也是屬於王宗岳老前輩所說的「斯技」範圍，與太極拳是不相干的，與太極拳是無涉的。

結論：

前面一位「名師」主張要採用「不用力的運動方式」練太極拳，功夫才能越來越好，就是已經練到「招熟」與「懂勁」的地步，也是要用他所標榜的「不用力的運動方式」練拳架、推手與實戰的。

後面一位的「名師」主張太極拳是要用力的，要先練出千斤力才是正途，不可捨本逐末，不可誤入空談、妄想、妄練，以及自我陶醉、麻醉的歧途。他一再強調，要練成千斤力是比四兩巧力更勝妙的。

太極拳的「用意不用力」，是眾所周知的，但這個「不用力」，只是教人不要過度的使用「拙力」。什麼是「拙力」？超出了「自然之力」的範圍，謂之「拙力」。

　　我們平常舉手取物或抬腳走路，你如果不細心的去探視、觀察，是不會感覺到用了力，因為這是極自然之力；但是舉手取物及提腳走路，事實上是有用到力的，如果都不用力，手是舉不起來的，腳是邁不出去的。

　　所以，這個極自然的用力、使力，是不可或缺的；若刻意主張太極不能用力，一絲一毫的力都要被排拒，這是違反了自然原則的。

　　反過來說，如果以用力方式去練那些舉重或推樹、推牆、砍磚、劈石等等，這並不是屬於太極拳的修煉方法，學者宜用智慧去檢視，莫要為一干「名師」唬弄了，戲耍了。

　　練太極拳，講求現實，講求實際，要以平常心看待。那些刻意主張太極要鬆鬆鬆，要鬆到空無，要鬆到「力不從我出」等等說奇道玄的高論，這些打高空及玩文字遊戲的玄論，總有一天要被識者戳破他名師假面具的；那些標榜太極要練千斤力才能致用的「阿師」，也會有勇者站出來加以拈提辨正的。

- 形意的明暗勁考驗著修煉者的悟力，
  太極的鬆與懈試煉著習武者的智慧，
  八卦的走圈步，試驗著人們的耐力。
- 有智慧與耐心，才能成就內家武功。

第四十二章

弓步，後腳要蹬直嗎？

　　有不具名的名師在網站上發表一篇文章，題名「根在腳：太極拳的步法」，該篇文章，全文一直在倡導「弓步後腳要打直」，不知是否正確，我們截文來探討一下。

　　名師謂：「武式太極拳創始人武禹襄在《十三勢行功心解》中說『其根在腳』，指出了腳的修煉在太極拳整體技藝中份量極重，為後學指明了練好太極拳的正確之路。其實，腳法很簡單，人類走路的走法，便是太極拳的步法。」

　　「其根在腳」是太極拳經裡面的名言，武禹襄先生只是拿來引用，不是他個人的發明，這個要先說明清楚。

　　如果人類走路的走法便是太極拳的步法，那麼，學練太極拳就不必辛苦的去學貓步、虛步、馬步、後坐步、丁字步等等。

　　名師謂：「弓步是太極拳最重要的步法。弓步為什麼會被稱為『弓步』可以憑想像推測。弓步的前腿是彎的，肯定是被聯想為弓把。弓步的後腿又是聯想什麼呢？可以認為是聯想為拉開的弓弦，也可以認為是聯想為搭在弓把上的弦上之箭。不過不論是聯想為弓弦還是箭，反正形狀都是直的。」

　　弓步是步法中的一種，但並不是最重要的步法，太極

拳的步法每個都很重要。

　　把弓步的前腳比喻為弓把尚可，但把後腳比喻為弓弦則似有不當，因為弓弦是有彈性行的，往後拉時是呈圓弧形的。所以，可以說弓箭是直的，但不能謂弓弦是直的。

　　名師謂：「中國的武術雖然繁多，然而不同拳種裡（包括各種太極拳，陳式太極拳的弓步有些例外）所謂的『弓步』都是完全相同的，就是前腿弓、後腿直。」

　　不同拳種的弓步，後腿並非完成是直的，名師話語似乎可說是一己之管見。他自己都說了各種太極拳及陳式太極拳的弓步有些例外，由此看來，並不是所有的弓步都是完全相同的。

　　名師謂：「近代太極拳所謂的弓步，是不是也是前腿弓、後腿直呢？近代、現代出版的太極拳書籍裡的文字與插圖，以及近代能夠保存至今的錄像等等資料反映：無論是楊澄甫先生還是李雅軒、陳微明、鄭曼青等先生，他們弓步的後腿都是蹬直的。因此可以完全確定傳統太極拳所謂的『弓步』也是前腿弓、後腿直的。」

　　名師只因看了楊澄甫等先生的拳照，因此而認為弓步的後腿應當是直的，這是他個人的武斷推想。事實上我看楊澄甫先生的拳照，他是似直非直的，是尚有微曲的，只是圖照中的褲管寬鬆的緣故，會令人看不太清楚而已。

　　名師謂：「後腿彎之弓步的主張，是說前腿弓、後腿彎的弓步比較舒服，因而符合放鬆自然、符合不用力。這種說法是錯誤的，之所以錯誤，是這種說法將個人習慣與放鬆自然混淆了，將楊澄甫先生所說的『不用力』裡的

意思為『拙勁』的『力』與楊澄甫先生所說的『何以能長力』裡的意思為『內勁』的『力』混淆了。確實，『放鬆自然』是與『舒服』相聯繫的，但是，『舒服』不一定就是『放鬆自然』。比如很多人甚至也有年輕人習慣於駝著背，感覺這樣舒服。然而，這樣駝著背雖然對於某些人而言感覺舒服，其實是一種不衛生的、由於懶散養成的習慣。這樣的習慣是不能認為『放鬆自然』的。而有許多人卻將這種個人感覺舒服其實是不良的習慣當作了『放鬆自然』，這顯然是錯誤的。應該明白，太極拳的放鬆有的是肌纖維在比一般人肌纖維拉長基礎上的放鬆。」

看名師的文章，實在有些吃力，他的意思是，主張弓步後腿彎的人，是因為後腿彎曲比較舒服，比較符合自然放鬆與不用力的原則；但這種自然放鬆與不用力的原則，與楊澄甫先生所說的「拙勁的力、內勁的力」是不同的，是混淆了的，這種舒服不用力的鬆，是錯誤的；名師主張太極的放鬆「有的是肌纖維在比一般人肌纖維拉長基礎上的放鬆」，名師在此說「有的」，語氣中顯然還有一點不確定性，不敢用比較堅定的字眼。

肌纖維拉長的放鬆，是不錯，但不一定要把腿打得太直，要似直非直，似鬆非鬆才對，練拳是要把筋拉拔伸展，是對的，也是我一貫的主張，但太直剛就缺少了伸縮彈性，以及變化虛實時的機動性；而且過度的拉直，有時是會傷害到肌腱、韌帶、筋骨以及周邊的神經，不可不慎。

大師把駝著背的舒服感而喻「自然放鬆」，似乎是

有些不倫不類吧？駝子是身體上出現了病變，而致脊椎彎曲，有些人則是天生就駝背的，若把駝子搬到太極拳來做消遣，似乎是欠缺思考的。

　　名師謂：「比如胯（髖）關節放鬆的一個表現，當單腿站立身軀放鬆地往後轉動時，站立腳大腿的外側肌肉是不會被牽拉跟著轉動，並且是感到放鬆自如的。而一般人身軀這樣轉動時，站立腳大腿的外側肌肉是會被牽拉跟著轉動的，如果要其大腿的外側肌肉不被牽拉動就會感覺彆扭不舒服。這就明顯反映胯放鬆的一個實質是與胯有關的關節囊、韌帶、肌腱要比一般人長。一般人單腿站立身軀轉動，大腿外側肌肉被牽拉跟著轉動，雖然比較舒服，其實是沒有達到太極拳放鬆的表現。弓步的後腿彎其實也是胯關節沒有放鬆的表現。因為這種後腿彎的弓步其後腿的臀紋溝必然是沒有向內（前）凹陷的，反映這種人髖關節囊，以及髖關節有關的韌帶、肌腱等軟組織要比胯關節放鬆之人短。」

　　此段的意思是，以單腳站立往後轉身時，如果胯（髖）關節放鬆的話，大腿的外側肌肉是不會被牽拉跟著轉動的，並且感到是放鬆自如的；一般人則是會被牽動的，如果勉強用力讓它不被牽動，就會感覺彆扭不舒服，以此而比喻後腿彎的人，雖然大腿外側肌肉被牽拉跟著轉動比較舒服，其實是沒有達到太極拳放鬆的表現。

　　名師的意思，是認為後腿彎曲方式的鬆，雖然看起來比較放鬆舒服，卻不是太極拳真正的鬆。而是要把後腿打直，讓髖關節囊、與有關的韌帶、肌腱等軟組織牽扯放

長、拉拔緊張才是正確的。

前面說過，練拳把筋及相關的組織伸展放長是正確的，但後腿過度剛直的放長，是會使得筋及相關的組織產生疲乏與呆滯及病變的。

大師以為後腿彎曲，不能使後腿的臀紋溝向內（前）凹陷，只有後腿蹬直，才能使後腿的臀紋溝向內（前）凹陷，而且認定臀紋溝的向內（前）凹陷，才能使有關的韌帶、肌腱等軟組織放長，這樣才是正確的。

臀紋溝的向內（前）之凹陷，是大腿極力蹬直前推的現象，這是需要過度的用到一些拙力才能達到的，這樣的過度用力，是違反了鬆及不用力的太極原則的。

名師謂：「髖關節囊等等軟組織長些與短些有什麼不同呢？從武術角度講，髖關節囊等軟組織短些的這種人化解的能力不強，比如當形成弓步時，別人從側面一推，其胯關節容易緊張不會靈活轉動而身軀發生頂抗，因而容易被推倒。髖關節囊等軟組織長些的人當形成弓步時，別人從側面一推，其胯關節仍然能夠放鬆地靈活轉動因而身軀不會發生頂抗，就不容易被推倒。」

這個邏輯似乎不是正確的。發生頂抗及被推倒，是自己的聽勁功夫不好，樁功不足，以及虛實變化不靈等等的緣故，與髖關節囊等軟組織長短似乎是無涉吧？

名師因主張後腿打直而硬把髖關節囊等軟組織的長短塞進推手框內，似乎是有些牽強的。

要站得穩，須從樁功中求之；欲不被人推倒，須從虛實中求變化；要使髖關節囊等軟組織放長，要有適當的基

本功訓練，不是把後腿蹬直而可致之的。

名師謂：「能長力也就是得內勁，是太極拳鍛鍊的一個重要目的。而弓步後腿蹬直，對於能長力、得內勁具有重要的作用。用弓射箭，弦沒有拉直，箭是射不遠的。」

弓步後腿蹬直能長力、得內勁，是大師的一己之見，從未聽聞真正的明師如此說；後腿蹬直是一種拙力方式，這或許能長些拙力，但是絕對不能得內勁，所以後腿蹬直的拙力方式，不僅不是太極拳鍛鍊的一個重要目的，而是應該要被摒棄的，因為它對得著內勁是無效益的，也是有阻礙的。

射箭弓往後拉，弦是呈圓弧的，不是直的，大師似宜先搞清楚。弦不拉時才是直的，沒拉開成圓弧才是射不遠的。

師謂：「弓步的後腿不蹬直，要想很好地將後腳蹬地的力量傳遞上去而很好地『得內勁』也是不可能的。這是因為弓步與坐步、三體式等步型相比較不同，坐步、三體式等步型身軀離後腳較近，甚至身軀的重心垂線就是落在後腳，身軀由於虛靈頂勁與氣沉丹田的內力容易送到後腳，後腳發生的力量也容易由彎曲的後腿上傳。而弓步的身軀離後腳較遠，因而身軀的內力比較不容易送到後腳，必須後腿蹬直，身軀的內力才容易送到後腳，後腳發生的力量也容易由蹬直的後腿上傳。由此看來，鍛鍊太極拳想要『能長力』、『得內勁』，弓步的後腿就必須蹬直。」

師舉弓步與坐步、三體式等步型是不同的，因為坐步、三體式步法，身軀離後腳較近，後腳的力量容易由彎

曲的後腿上傳。而弓步的身軀離後腳較遠，必須後腿蹬直，身軀的內力才容易送到後腳。

三體式是前三後七，屬於後坐步法。大師既知後腳彎曲容易上傳力量，卻一直宣導標榜後腳要直，顯然是些自我衝突與矛盾的。

如果說太極拳想要「能長力」、「得內勁」，弓步的後腿就必須蹬直，似乎是值得再推敲的。

「由此看來，鍛鍊太極拳想要能長力、得內勁，弓步的後腿就必須蹬直。」這句話是要被推翻的。

師謂：「實踐證明對於弓步的後腿，自然伸直就是挺直。要使得腿腳局部不用力地放鬆地將身軀的內力往腳下送，只能是後腿完全蹬直，就是膝關節完全伸開。如果後腿膝關節沒有完全伸開或者彎曲，要想將身軀的內力往腳下送，後腿反倒是必須局部用力而緊張了。而弓步的後腿膝關節完全伸開的蹬直就是『挺直』，也就是『自然伸直』。因此，弓步的後腿是不存在『挺直』與『自然伸直』之分的。」

這一段，大師是在強調弓步的後腿打直，才能將身軀的內力往腳下送，如果後腳彎曲的話，就必須局部用力而緊張了，此語是沒有推理邏輯的。身軀的內力能否往腳下送，是端看個人的功體之有無成就與內勁之有無落沉而定；若後腳太直則後腿延伸而上的胯部就會挺挺的，反而不能使得胯部落沉下去，這樣也會影響到丹田氣的落沉。

會不會用局部拙力，純屬個人練習時錯誤的知見與錯誤的練習之習慣，這與直或彎是無關的。

　　此師說，弓步的後腿膝關節完全伸開的蹬直就是「挺直」，也就是「自然伸直」。非也，挺直必定是用了些許的拙力，腿才能打挺的

　　此師說，因此，弓步的後腿是不存在「挺直」與「自然伸直」之分的。前面說蹬直就是「挺直」，也就是「自然伸直」，後面卻說後腿不存在「挺直與自然伸直之分的」，這些話語似乎顯得有些顛顛倒倒，語焉不詳，讓人墜入朦霧之中。

　　名師謂：「總之，太極拳正宗的傳承弓步的後腿是必須膝關節完全伸開也就是蹬直的。這樣弓步的後腿才是最放鬆的和有利於勁力傳遞的，弓步的後腿彎曲是既沒有理論根據也沒有傳承根據的，是錯誤的，是必須糾正的。」

　　太極正宗的傳承是什麼？由誰傳承下來，到如今，所有的考證都還莫衷一是，有哪一個傳承者說「弓步的後腿是必須膝關節完全伸開，也就是蹬直的。這種後腿直的弓步，才是最放鬆的，和有利於勁力傳遞的。」

　　後腿蹬直就是膝關節完全伸開嗎？後腿彎曲沒有理論根據嗎？是錯誤的？是必須糾正的嗎？

　　大師此篇文章以「後腿彎曲是錯誤的，是必須糾正的」作為結語，那我也要來作個結論。

　　結論：

　　太極拳論的作者王宗岳先生說：「無過不及，隨曲就伸。」

　　王宗岳先生是太極的傳承者之一，這應該沒人會反對吧？他說，練太極拳，不要有「過分」與「不及」的現

象，過與不及都是不好的。

此篇文章的大師，主張後腿要打直，就是「過」，他太強調蹬直才有利於勁力傳遞，是值得置喙的。

王宗岳先生勸人要「隨曲就伸」，就是在曲中要將筋骨伸展開拔起來，但他是說「隨曲就伸」，不是說「蹬直就伸」。這就是傳承者的話，這就是根據，論述拳理，要引經據典。

太極拳行功心解說：「曲中求直，蓄而後發。」這個直是在曲中而求的，不是在蹬直中求。曲中求直就是在微曲當中去蓄勁，然後再發勁；後腿若是蹬得直直的，已經呈顯了微過的用力，不是真正的鬆淨，也難以蓄勁。

還有，後腿若已經完全的蹬直，在這種情況下，一時要再前進發勁，是無法再前進的，因為後腳已經蹬直、蹬死了，沒有餘地再往前蹬了。

行功心解說：「勁，似鬆非鬆，將展未展。」似鬆非鬆，是說看起來是鬆的，但卻不是空無的頑鬆，內裡的氣、勁之運轉是暗潮洶湧的，這個暗潮洶湧是指伸筋拔骨，以及丹田氣的鼓盪運轉。所以，勁的運轉是有鬆有緊的，是鬆緊適當的，不是空無的頑鬆，也不是蹬直剛強不曲的。

將展未展，是一種蓄勁狀態，蓄勢待發的狀態；若腿伸直、蹬直的話，筋骨及周邊的關節囊等軟組織將是呈現緊滯狀態，要蓄勁與發勁是比較困難的。

俗云：「剛直易折，柔軟則活。」老子說：「堅強者死之徒，柔弱者生徒。」徒字通於途，道路也。老子說，

剛強是走向死亡的道路，柔弱是走向生存之路。

　　人出生身體是柔軟的，死後身體則僵硬不曲，草木也是一樣，生時枝條柔軟，死時枯萎脆直易折，所以柔軟是勝於剛強的。

　　以此而推，即知腿伸直、蹬直，是不好的，是不當的。後腿在弓步時蹬得太直，則大腿周邊的肌腱、筋膜、韌帶、神經會被過度的牽扯，甚至引發疼痛及病變。

　　從太極拳的養生方面而言，是無利於身體健康的；從太極拳的技擊功能而論，弓步後腿的蹬直，是會呈現出死力狀態，也就是說，在剛直而緊繃的情況下，它的活動力是呆拙的，是滯笨而不靈活的，而且在後腿向前極盡的推蹬後，成了一個死勁，如欲在連續向前進擊發勁，是比較困難的。

　　所以，弓步後腿的蹬直，從太極拳的健身與太極拳的實戰技擊應用，都是無益的。

● 形意要養成上虛下實，
　但這個實，
　不能刻意把身體的重量壓在兩條腿上；
　實，不是死力；而是鬆淨後，氣的自然落沉。

第四十三章

八面支撐的奧義

「八面支撐的奧義，終於被這師徒道破。」

這是網路某個運動網站，作者所立的題目。

文中作者用師徒二人之對話，來論述太極拳八面支撐的奧義。截文如下：

一清（徒）：先生，您常說我打拳不懂得「八面支撐」，今日能否給徒兒開示一番，何謂「八面支撐」？

千豐（師）：做到「八面支撐」有形體要求、意念要求和精神要求。

… …

一清（徒）：精神要求有哪些呢？

千豐（師）：「空」「鬆」是追求氣勢的基礎條件，事實上「空」「鬆」是追求八面支撐的必須條件，有八面支撐才有圓活，圓活是離不開「空」「鬆」這個先決條件的。如果習者的肌肉骨節還未達到一定程度的「空」「鬆」要求，「圓活」也就無所企及。而達到了「圓活」的要求，空、鬆才能極盡其妙。

若說「鬆」是追求氣勢的基礎條件，尚可以說得通；但「空」了就什麼都沒有了，哪還有氣勢可言呢？

有八面支撐才有圓活，是不錯，圓活是離不開「鬆」也不錯，但如果「空」了，就什麼都沒有了，哪還有圓活

可說呢？

肌肉骨節達到一定程度的「鬆」，是有助於達到「圓活」的要求；但「空」了，是不能極盡其妙的。

太極拳行功心解云：「立身須中正安舒，支撐八面。」這意思是說，站立的時候，身體要中正，要安定舒適，要能夠支撐到八個方位。八面就是東、西、南、北四個正方，以及東南、東北、西南、西北四個斜角，以這八面總括所有的方向。

如何才能保持中正安舒？

下盤要有根，要有樁功的基礎，能站得四平八穩，則立身自能中正安舒，就能支撐八面，就是這麼簡單。

「名師」總是喜歡說玄道奇，好像這樣才會給人家有「深不可測」的神秘感，讓人家覺得他的功夫了得。事實不盡然，識者比比皆是，只是有些人不喜歡出頭，有些人則是持鄉愿心態，不想惹些不必要的困擾。

有膽識有擔當之人，就會見義勇為的指出一干「名師」的漏處，把他拈提出來加以辨正，以免學人誤入歧途，不想看到這些「名師」繼續誤人子弟。

這個網站的作者，都是不具名的，筆者曾私訊給該網站的小編查詢，小編回說，這作者不是台灣人，那到底是哪邊的人，不問可知矣。

寫文章即使不具名，起碼也得有個筆名。不具名，表示心虛、沒有膽量、沒有信心、逃避責任等等。

為何這麼說呢？

這篇文章，以師徒對話方式來陳述，文中的千豐師，

可以料想就是本文的作者，他以千豐師來掩飾他的身分，是一種欲語還羞的故作姿態，這種心態，無形中呈顯了他內心的不安定感，是一種矯飾心態，也呈現了他對自己的論述之不確定感。

這個網站，有關武術的論述文章，作者雖然不想具名發表，但從其文章的語體、語氣，及內涵的表述，顯係就是這位或這幾位「名師」。

作者在文中以「千豐」為師，不知是否以此而比喻，此師比「三丰」祖師更高（豐）？

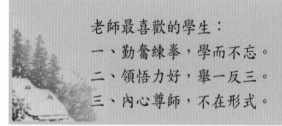

老師最喜歡的學生：
一、勤奮練拳，學而不忘。
二、領悟力好，舉一反三。
三、內心尊師，不在形式。

第四十四章

形意拳的蹬步與定步

　　我在FB的網站成立了一個社團「形意火鳳凰」（https://www.facebook.com/groups/465518490246538/），社團曾經播放形意拳定步練習的影片，獲得拳友w先生的熱列回應，我們真的很感謝w先生。

　　w先生二次跟我們建言：「定步發拳，多練無益」、「小弟多年練習形意拳，深覺形意拳先輩創拳的精萃，在於拳與步的整合，有謂『打法定要先上身』，因此形意拳每一個拳式都是蹬腿、上身、手腳、齊到的一氣同動，這樣經年累日的練習，就能內化達至運動定形，在應用時完全不會有定著打的形態出現，一動就是步進身上連打，這才能充分發輝形意拳的獨特優勢。因此，就是單練也不應定著步來練習，必須要有同時上步的動勢，否則練多了就練成不會上步連動的反應，這就不妙了！」

　　回曰：「謝謝你的卓見，定步與蹬步、走步各有練法，須同時併練，定步練習有它的優點，可在原地發勁打擊，在實際搏鬥時，不一定每個時機點都有蹬步前進上身的機會，此時，定步就可派上用場。感謝也尊重你的寶貴見解，我們也重視走步的蹬步練習，也常播放這些影片，可能是兄台疏漏了，沒看到吧？」

　　w先生說：「有呀，有看過走步蹬步練習。管見認為

作為入門過渡到走步是不錯的，但多練就無益了！」

回曰：「尊重汝見，但愚見以為定步單練是值得長期練習的。」

W先生說：「定步練習是很多拳種中都有的模式，但看來這不是形意拳先輩創拳的初衷，若是，早就設定在拳路當中。可是，形意沒有啊！純粹討論！」

回曰：「既謂定步練習是很多拳種中都有的模式，可見是有它的優點及可取之處，所以不宜輕視。先輩創拳，都是整套的，是一個拳套，也就是一個套路，譬如太極拳也是，形意五行拳也是。但在套路演練當中，為了要使拳套中的各式單招，更為精熟的關係，都會有定步的單練，這不失為是一個好的另類的練習方法。拳意可創新，但是好的練習方法，也可以被接納；一味的泥古，不見得要被鼓勵。」

W先生說：「雖然意見不同，還是很欣賞蘇老師的創作！」

回曰：「也感謝您的回應。」

我在網站上發表文章或播放教拳的影片，獲得許多拳友及讀者們的回響，我真的很感謝他們，雖然有時彼此意見不同，但透過互相的表述與討論，對於知見的增長及拳理的探討，都會有更深層的認識。

練形意，蹬步、樁功、基本功、套路、推手、實戰等等，都是必須修學的課程。初學只能按部就班，一步一步來，我們的教程是從樁法起練，然後兼基本功。

基本功有定步內勁單練法十式，就是雲手、穿採手、

纏手、推磨、穿掌、翻蓋掌、按掌、托掌、抖掌、二肘等。

蹬步的走步會單式練習，用兩手雙按的方式練習蹬步。這個蹬步要練到有一點基礎，才會正式練習五行拳，也就是劈、崩、鑽、炮、橫五個母形。

母形嫻熟了才會教子拳十二形，然後才有五種套路的演練，也就是五行連環拳、四把、八式、十二橫拳、雜式捶。以後還有安身炮及實戰對打，這是我們團隊學練形意的一個胚型，簡列如此。

我們團隊的基本功「內勁單練法」十式，大部分是定步練習，在熟稔後也會有走步的蹬步練習，畢竟，蹬步是形意的特色，豈有不練之理；若忽略了蹬步，就不是形意了。所以，拳友們如果看到我們的定步練習，千萬不要誤會，以為我們只練定步而不練蹬步，這點是要特別提出來加以說明的。

蹬步，須有椿功為基礎，基椿穩固了，才來練蹬步，這是正常的教法。若椿功沒有基礎，練起蹬步，有的會拖泥帶水，步履蹣跚呆滯笨拙，有的會上身虛浮起來，有的是用跳的，這些都必須隨時修正改進的。

蹬步的作用，是以腳椿的深入地底，打下明椿（或暗椿），使地底產生一個摺疊的反作力，這個反作力回饋到身上來、回饋到手上來，這才是符合「打法先上身」的原則；若椿功沒基礎，下盤不穩，沒催動力，那麼這樣的身體虛浮的「先上身」，就等於「送肉餵虎（羊入虎口）」，自己上身去挨人家打了。

　　定步練習，當然也有它的優點的，在定步當中，可以去體會自己的腳樁有沒有入地，有沒有深入地底？這個樁打下去，有沒有產生摺疊反彈勁上來，這個樁有沒有回饋到腰胯來，有沒有回饋到手上來，等等，這些細部的體會，在定步當中比較容易靜靜不動的去體察。

　　在走步蹬步的行動中，有時要去兼顧步法、身法、手法等等，是比較容易手忙腳亂的；若在定步嫺熟後，併練蹬步就會順當一些。所以，定步與蹬步是必須要兼練的，不可偏廢一方。

　　定步，可以練習打「暗樁」。什麼是暗樁？就是這個樁打下去，旁人是看不到的，看不到身形的下蹲，從外勢形骸是看不到有打樁的樣態，這個就叫「**暗樁**」。這個名詞是我的練拳心得，很少人有提到「暗樁」這碼事。

　　當站樁，站到有了基礎，丹田氣飽滿圓實了，才能引動丹田氣，去打暗樁，丹田氣一鼓盪，那個樁就暗暗的往腳下震入，摺疊勁立即同步回射到身上、手上來，這種發勁，謂之「**暗勁**」。你發個勁，人家不知道，打到身上了才發覺，已經慢了，已經挨打了。這就叫「發勁人不知」，這功夫才神妙。

　　暗勁從打暗樁來，暗樁從樁功來；樁功也有定步與活步，活步的蹬勁，火力強大，但是，是一個「明勁」，明勁的蹬步，如果功夫未上樓，明勁一蹬步，人家是比較容易察覺的，若是腳下功夫還不到，就是「送肉餵虎（羊入虎口）」，先上身挨打了。

　　定步中，樁功成就了，會運樁了，暗樁也會打了，在

貼身中，就可隨時隨意的打暗勁，這個「暗勁」可貼身發勁，無須距離加時間，所以是更勝於「寸勁」的，寸勁還須有一寸的距離，而且還要加上進步或半步的蹬勁，在時機上的掌握，是略遜一籌的。

　　那麼，到底是定步好？還是蹬步妙？拳友及讀者閱讀後，當會有自己的省思抉擇。

　　而愚之見解，還是定步與蹬步須併練，二者可相輔相成，並無衝突。

* 古人有些不識字的，
　卻仍能把拳練的很好，也很有修養，
　因為他從拳理中得到了智慧與悟性，
　也從拳理中悟出做人處事道理。

第四十五章

四兩力

「不用力」、「鬆、鬆、鬆」、「不鬆就是挨打的架子」，這些口頭禪，是學太極與內家拳者盡人皆知的辭兒。甚至有些「名師」更高唱「太極拳要空、要空肩、空腰」，更甚者還唱言「空，無相、緣起性空」等等高不可攀而且不符實際的論述，把太極推向空無虛幻的神格化與虛想化。

但是在「不用力」、「鬆、鬆、鬆」喊了將近一世紀之長的時間之後，練成太極內勁功夫的到底有幾人？似乎是屈指可數吧？

練太極，到底要不要用力？到底要怎麼鬆？才能成就這個甚深的功夫呢？

人一生出來，就賦有力量的，是與生俱來的，只是有大小、強弱之別。而且，用力也是極自然的事兒，如果不特別去留意，你不會發覺自己走路時是用了力的，不用力，腳是邁不出去的。手舉起來，也是要用力，不用力，手是舉不起來的；但是因為這個力，是極為自然的，所以你不會感覺特別的用了力。

那麼，上舉的這個「用力」，要不要被排斥？需不需要被鄙視？

練功夫，講求實際理地，不要打高空，「名師」們也

不用自推過高。

　　「鬆」不是空無幻化的；適當自然的「用力」也不是萬惡不赦的。

　　太極拳打手歌云：「牽動四兩撥千斤。」這句話原本的意思是說，練太極拳在實戰搏鬥時是可以「以小搏大、以弱勝強、以柔克剛」的，但要達成這個功夫的前提，就是要先成就內勁功體，以及「階及神明」的聽勁與懂勁功夫。

　　而這些功夫，絕不是練習粗俗的力量所能致之的，也絕不是練千斤力所能成功的。所以，撥動千斤絕不是一干「名師」所說的「先從千斤力練起」的，這些都是使人誤入歧途的謬說。

　　那麼，要如何才能成就內勁呢？太極拳行功心解說：「以心行氣，務令沉著，乃能收斂入骨。」行功心解所說的「收斂入骨」，就是指內勁而言的。

　　練太極拳透過沉著的機制來「以心行氣」，令氣達於騰然境地，這個蒸發的氣就會薰入筋骨裡面去，日積月累，就會匯聚成內勁能量。

　　所以，內勁事實上也就是內氣蒸化後的結晶體。內勁的結晶體既然是氣的化身，就不是練習重力所能夠達成的，這一點是必須要先弄明白的。

　　太極拳及內家拳都主張「用意不用力」，但是要撥千斤，要不要用力？要不要藉這個「四兩力」去撥動千斤呢？當然是要的。但是這個「四兩力」絕對不是指拙力與外形的力量，而是指內勁而言的。

內勁既是內氣升化後的結晶體，那麼，內氣要如何修煉，才能騰然蒸化而斂入筋骨呢？

很多「大師」都喜愛說「鬆、鬆、鬆」、「不鬆就是挨打的架子」，有些偽師更唱言空、空肩、空腰、或虛無等等，這些打高空的偽師，誤己也誤人，是有過失的。

器械的螺絲要鎖的恰到好處，才能運轉順當；練拳也是一樣，要須在鎖的恰到好處的情況下求鬆才是正確的；如果這個螺絲鬆掉了，那麼這種離離落落的鬆，就不是內家拳所講求的真鬆，是練不出功夫的。

身體的大螺絲涵蓋了腳樁、腰胯及肩胛，這些大的螺座是要鎖穩的，是要落插沉定的，不可鬆懈、鬆動、虛癱、頑空的。

太極內家功夫的成就，要在「不練剛拙之力」與「真鬆」中去求取。

一、「不練剛拙之力」

用剛拙之力，所練就的「千斤力」並非太極與內家拳所追求的方向與目標。因為剛拙之力，有極限，而且也會隨著年齡的增長，逐漸退失。

還有，剛拙之力，會損耗我們的體力與神氣，對身體有一定程度的折損，只是在年輕體壯時，暫時沒有明顯的感覺。所以，那些負重、打牆、推樹、砍磚、劈石等等的練法，都是太極祖師王宗岳老前輩所謂的「斯技旁門」，非屬太極內家所修煉的範疇。

有些系統練硬功，練劈石、砍磚或打擊剛硬物體之類

的，把骨頭打碎了，骨汁留出，這骨汁鈣化後變硬了，這些無知者卻唱言「打斷手骨，顛倒勇」，真的是顛倒、愚癡。這些增生的骨汁，俗語稱之為「骨刺」，它如果碰撞到周邊的神經，會讓人痛不欲生的，甚至要「動刀仔尾」切除的。

練這些「斯技旁門」的剛拙之力，與太極內家所求的「內勁」武功，是無益的，是背道而馳的，對身體也是有損的。

二、「真鬆」

真鬆的定義是什麼？不用一絲拙力，謂之「鬆」，但不是內家功夫所說的「真鬆」，因為你雖然不用一絲拙力在練拳，打起拳來好像很輕鬆，但是這種鬆，是不能出功夫的，為什麼如此說呢？

因為內家的功夫，主要的是在修煉「內勁」這個功體，而內勁是氣的結晶，是氣的化身，如果沒有把體內的氣，運轉提煉，形成熱化蒸騰的狀態，那麼這個氣就無法斂入筋骨之內，這樣就無由成就內勁能量，沒有辦法練成內家功夫。

所以，雖然「不用一絲拙力」是練內家拳所訴求的，但是如果沒有正當、正確的修煉方法，那麼這個「不用一絲拙力」方式的「鬆」，仍然是一種空洞的「頑鬆」，是不能出功夫的。

這麼說來，用剛拙之力、練「千斤力」，不對；「不用一絲拙力」的空洞式的「頑鬆」也不對，那什麼才是正

確的呢？

問得好，這是大家普遍的疑問。一般的「名師」對此問題，總是模稜兩可，含糊而答，有的只說：「要鬆也要緊，要陰也要陽。」又扯到陰陽的玄奇當中，總是要讓人掉在五里霧中，好來顯示他的高竿，勝人一等。

不頑鬆，也不練蠻力；不落兩邊，就是中道，就是中庸。

用力不對，不用力也不對，用力要用得恰到好處才對。什麼才是用得恰到好處？答案是「四兩力」。

什麼是「四兩力」？

「四兩力」只是一個比喻，用得剛剛好就是「四兩力」。但這個「四兩力」是有內容的，不是一般使力的「四兩力」。

我們盤拳架子，用自然力把雙手提舉起來，這是沒有用到一絲拙力的，但是在「沒有用到一絲拙力」當中，在盤手、盤枝或牽動往來之中，雙臂在鬆透當中，不是空空無物的，如果空無所有，那麼這個拳就白練了，為什麼呢？因為這僅是體操式的運動，不能把氣與勁提煉出來，不能把內氣薰熱、蒸化而斂入筋骨內，成就內勁能量。

所以，手枝盤提起來，好像有一根無形的絲線將手臂懸吊著，在鬆透不著一絲拙力當中，手有一種沉重的垂落感。我們的手提舉起來，只靠著四兩的自然力，這個「四兩力」只是一個形容比喻，在極鬆中，如果沒有這「四兩力」的支撐，手臂就會掉落下來的，但是盤手時要讓它不掉下來，像有一根無形的絲線將手臂懸吊著，這樣的去

模擬，去默識揣摩，經過一段時間的盤枝練習，我們的筋膜、韌帶就會有一股微痠的感覺，一種內氣滲入的微痠感覺。

我們把它擬想，筋膜、韌帶就是這一條無形的絲線，提吊著我們的骨肉，不管是站樁的捧手，或盤拳架的牽動往來，都用這筋膜、韌帶來支撐及拖曳我們的雙手或身軀，這樣才可將內氣引熱而達至「氣騰然」的境地，才可以「運勁如抽絲」，將內氣與內勁注入於筋脈之中。

筋提領著我們的手臂、身體，而動而行，筋提吊著骨肉，而動而行，本來就會有一股沉重感的，在鬆透之中，這種筋提吊骨肉而動而行的沉重感及微痠感，在細心的體驗中，會被感覺出來。

另外，還須透過自己去營造行拳時的阻力，這阻力越大，對於盤拳的效果越好，因為阻力可以增進氣勁的強度，所以，這個阻力是需要靠自己去營造的。

阻力怎麼營造呢？

由腳樁入地的二爭力來營造，所謂二爭力就是一種前撐後蹬、左撐右蹬以及立體圓弧的二力互爭。

這個互爭，使用的是暗勁，不是用拙力、蠻力去互爭，這一點要先搞明白。你雙手向前推按，後腳用暗勁、暗樁向前蹬去，前腳要往後微撐，這樣手向前推按的阻力就產生了。

這二股互爭之暗勁，由腳根到腿部，到胯腰，到肩胛，到手掌，都是節節貫串的，都是根根相連的互爭、互相照顧的，都是完整一氣的。

　　在牽動往來之中，又牽涉到「摺疊」。太極拳行功心解說「往復須有摺疊」，這個「摺疊」很多「大師」都弄不明白，多所誤人。

　　「摺疊」其實簡單，在往復當中，會有一個折衝對撞，每個關節都會有這個現象。這個折衝對撞，會使得阻力更為強烈，使氣勁的運行更為鼓盪。（摺疊理論在我的書中作了很多的論述，請讀者自行翻閱，在此就不再贅言。）

　　摺疊之所以能引生強烈的折衝力道，它的來源也是由腳根而生，也是由腳根的二爭力，節節上傳而形於手。

　　「四兩力」，涵蓋著氣與勁，不論是站樁時的盤手，或走架時的運枝，這「四兩力」都是必須具備不可或缺的，也唯有運行了含有氣與勁內涵的「四兩力」，達到了運氣與運勁效果的盤拳作略，才有掤勁的成就，才有內勁的聚斂。

　　我所訴求主張的「四兩力」，並不是自己本身所擁有的「自然之力」，也不是在行拳走架或站樁時的符合鬆之原則的「不用力」，而是在運功盤架時，透過自身的氣勁所營造出來的「被拖曳的質量」，也就是說自身的四肢與軀幹被牽行拖曳所產生出來的質量，用比較白話的方式來說，我們在盤架運功當中，是藉由「其根在腳」的底樁來運行的，這個樁要練到樁入地底，能穩穩的抓住地心，牢而不移，在這種氣沉、勁沉的情況下去「運樁」，加上腳樁的二爭力與全身各個關節相連的二爭力之互相撐持，而引生出重重疊疊的阻力。

我們要練的就是這個寶貝東西，這個東西引生出來，練到了，練入了，這樣掤勁、沉勁、內暗勁才能慢慢地聚斂成就，而事實上這個掤勁、沉勁、內暗勁都是同樣的一個東西，都是內勁成就後的同一種質量，只是所呈現出來的作用各有意趣而冠上不同的名詞。

所以，我所表述的「**四兩力**」，並不是自己所使運出來的力量，而是在行運功架時，自己的四肢身形所牽引拖行的一種無形阻力，不是自身之舉負物重或打擊出拳所出的力量。

這就是本篇論述所要表達的唯一訴求主張，也是我習拳三、四十年的心得。因此，這就牽涉到練太極或內家拳，到底要不要用力的核心問題，用力不對，不用力不對，用拙力不對，練千斤力不對，鬆而空無不對。

「四兩力」也不是自身負重提舉之力，練負重提舉之力，與太極內家是相悖的；練太極內家是要利用「不用一絲拙力」的自身四兩自然之力，去牽行拖曳自己透過腳樁及全身各個關節的連結立體二爭力所引生的阻力，令這個阻力去牽引活動我們周身的大筋，使這個筋有被拖曳拉拔的阻力產生，這樣筋脈才能注入內氣，而有痠、麻、熱的現象。

如此修煉，經過長久的努力堅持，這個內氣越集越多，越充實張滿，是為內勁成就。

第四十六章

也談「散功」

　　近日網站某個社團正在熱論「散功」這個話題，大意是說，功夫、功體、內勁練成，上了身之後，到了某一個時節，若不把這些功體、內勁排解、脫除的話，那麼這些功體、內勁就會有反噬作用，無法與肉體分離，造成極度的痛苦。故主張在某個階段，就要實行「散功」，把這些功體散掉。

　　個人以為這是毫無科學根據的，若如此，誰還肯辛苦的練拳、練武呢？

　　人將老之時，所以會有這些病灶，實乃肇因於氣滯的關係，譬如施運硬氣功讓人擊打，或憋氣不順，拙氣聚集，所謂「在氣則滯」是也。

　　或因心有執著窒礙，或內心對某人、某事有所虧欠，有所愧咎；或對財物眷屬的不捨，等等，而至身、靈難以分離，而至有所苦痛。

　　因此，「散功」之說，個人認為是不可信的。

　　太極拳行功心解云：「全身意在精神，不在氣，在氣則滯。」這已經很清楚的明示我們，練拳最終目的，是在求得內氣的順暢流通，重點中，意念要擺放在精神上，不要把內氣練岔了，因為若是去練那些硬功，刻意的把內氣憋住，這樣氣就會滯礙不順，造成氣岔、氣滯，對身體造

成傷害；這個傷害在年輕氣盛時不會察覺，到老的時候，氣血虛脫衰敗，病變就會露現出來。

行功心解說：「有氣則無力，無氣則純剛。」這個氣當然是指運用不當的練功方式，去行運拙劣的氣，致使拙氣積集，累成病灶，這樣的話，當然是練不出純正的內勁功體，是無法產生力道的；只有擺脫這些不好的滯氣、濁氣，才能練就純剛的功夫。

有人謂，身體與肌肉會老化，但練功的人儲存在筋裡面的勁力不會消失，也因為筋系統裡的功體沒有消散，所以到了晚年就會很難受，想死卻死不了。

依科學理論，人在一口氣不來，停止呼吸沒氣時，地、水、火、風四大相繼分離，五臟六腑各種器官及所有組織，亦同時失去運作功能，此時謂之死亡。

若筋系統裡的功體沒有消散，即表示生命的契機活力功能依然在，怎麼會有肌肉及其他組織會先老化，而感到難受，想死也死不了呢？

武功的高層境界是煉氣化神，煉神還虛，與道合真，雖然我還沒這個境界，但卻相信這層道理。當一個武者功夫達到某一個高層次水準，他會百尺竿頭更進一步的去追求更高深的武功境界，這就是「煉精化氣，煉氣化神，煉神還虛，與道合真。」走入更精深的修道層次。

初階的煉精化氣成就了，內氣凝結成內勁功體，下一步就是「煉氣化神」。煉氣化神事實上已經是「散功」的實施，把過分強烈的氣勢，作一個調整柔和，與自己的元神相交相融。

　　形意拳經云：「固靈根而動心者，敵將也，養靈根而靜心者，修道也。」

　　靈根是概指精氣神而言，修煉精氣神，堅固了生命的之根，但卻常起心動念，這種功夫，只是敵將（武藝）的層面範圍。若能更進一步的修養心性，而至內心寧靜平和，清心無慾，那麼這就是一個修道之人。就能逐步的邁向「與道合真」的境界。

　　形意很多前輩，武功有成之後，就會走向「養靈根而靜心」的修道之路，這實乃「散功」的一種高階無形的修煉方式，無須刻意在搬出一個「散功」把戲來頭上安頭，來畫蛇添足。

　　形意拳大師孫祿堂先生，功力深厚，往生前預知時至，含笑而逝，無有絲毫苦痛，他是一個武功人，也是一個值得敬佩的修行人，然而卻未曾聽他老人家說要另外練「散功」這回事。

　　有人說，「散功」就是一種「收功」，也就是練拳、練功後的一種「收式」動作。要把鼓動的內氣平和下來，這樣就叫做「收功」。「收功」通常是把氣匯歸於丹田，因為丹田是一個氣海，是聚儲內氣的一個場所，丹田像大海，能容納百川之水而不溢滿。

　　形意前輩們的收功，通常是練拳後的「散步」，以「散步」代替（散功），舒緩身心。但是，若把（散功）解釋為要把功體解散消失掉，這似乎是一種謬說；如果只是紓解一時的緊張狀態，是為正說。若主張要把辛苦所練的功夫散去廢掉，才不會有往生時的痛苦，是值得置疑

的。

　　有人說，散功是一種轉化，把儲存在筋路的能量轉化到氣脈去，這說法也是不正確的。氣脈是遍佈於全身各處的，包括筋脈在內，筋裡面也是有氣的，如何轉化呢？又要轉化到哪裡去呢？

　　如果說，透過煉氣化神，而轉化過盛、過強烈的氣場，也就是將氣昇華，化為元神，這是形意前輩們所常主張與論述的。但我沒那個境界，也不知要如何煉氣化神，只能在練拳時把神氣融合在一起，讓神氣統一，我只有這微不足道的功夫。

　　有師主張，我們前半生累積的練功成就，到了中年都要「散功」丟掉，否則都會喧賓奪主的反過來傷害我們。這一點，個人的見解，是不與苟同的。因為這是沒有科學理論根據的，也從未曾聽聞過拳經、拳論有這樣的論說。

　　曾聽人說，食用太多的補藥或人蔘，臨終時，最後一口氣不容易散去，非常痛苦，這是否與「散功」有所關聯呢？

　　人蔘分為中國人蔘（包括高麗蔘和日本蔘）、西洋蔘（即產自美國和加拿大的花旗蔘）兩大類。中國人蔘屬於溫補藥，西洋蔘則屬涼補藥，兩者的藥性是有所不同的。還有使用的時機，是要特別注意的，如果有感冒、失眠、氣喘、高血壓等症狀，則務必先就醫治療，等身體復原之後才服用。

　　服用人蔘或補藥，要看身體的寒熱虛實狀況而慎選，不是每個人都適合吃人蔘的；亂吃補藥也是不宜的，補過

頭，藥性聚集在身內，無法吸收消散，就會引生病灶，在年老體弱時，病徵就顯現出來，造成痛苦。

太極拳一向主張「陰陽相濟」，偏陰或偏陽都是一種缺陷與毛病，有病則痛，我們不必把調理不當的過失，全部推諉到不相干的「散功」的框框之中。

形意拳的高層境界是「拳無意、意無意，無意之中是真意」，這個「真意」，是指沒有執著的「意」，雖有意，卻不執著這個意。不執著，就無所罣礙了，氣也就順當了，這個時節，還需要去顧忌什麼「散功」的問題嗎？

練拳、練功夫，若一心都在求取名聞利養，內心就不得清淨；練拳、練功夫，如果一心都在想成為武林第一高手，就是慾望太強盛；成為武林第一之後，又擔心人家來踢館挑戰，這樣，心就永遠不能安靜，心就有所罣礙了；心不清淨，心有所罣礙，氣場就渾濁散亂了；內氣渾濁散亂了，當然就會有苦受，臨終時就會有痛苦。

還有，練功有成，卻執著眷戀這個武功，往生前也不肯放棄，這是心靈上的緊箍咒，緊緊的圈套著你，成為臨終前肉體與心靈的拉拔戰，這當然也是一種極大的痛苦。

若能放下這些執著與罣礙，才是真正的「散功」，也不需要再去求一個「散功」的作略。

形意、太極、八卦，都是以練氣為主的拳種，都是溫和的以心行氣的，都是以「氣遍周身」而達到延年益壽為理想目標的。所以，這些內家之拳，不尚拙力，不練硬功，不會造成氣岔、氣憋，不會有濁氣纏身，所以也沒有臨老「散功」的問題。

　　練硬氣功，讓人家打，要顯露自己有功夫，到處去炫耀，老來傷痕累累，這時才來「散功」，有用嗎？傷害、痛苦是自己惹來的，若此時還來炫耀自己功力過強、過盛，沒有「散功」所以才會有功體的反噬，這豈不是一個「美麗的謊言」？

　　許多練硬拳系統的，為了要快速的展現一時的力量，做了若干的重力練習，甚至用肉身去擊打磚石等，這些錯誤的練習方式，都是會導致將來年紀老邁時，自己的身體要去承受自己所造的病變後遺症。所以，有需要施作「散功」的，大部分自己造下的因，與後續要承受的果。

　　楊家太極第二代傳人，當初練拳，一個想逃家，一個想自殺，雖然他們都練成了太極功夫，但是先前的苦練，方法是否正確，是值得思討的。練太極拳原是溫和鬆柔的，是緩緩而循序漸進的，若用了特殊堅苦的方法，讓肉體去承受過度的負擔，是無智的。所有的內家拳系，都不是用剛烈猛進的方法去成就的，而是用「以心行氣」不急不徐的運功、運氣方式來成就內勁功體的，只是這個時間要下得長、下得久，是一種「慢工出細活」的煉功方式。

　　形意拳，初練明勁，是先鍛鍊筋骨皮，先外壯後內煉，進入暗勁階段也是要求鬆柔緩慢的，而且要比太極更慢些。到了化勁階段，則是「煉氣化神，煉神還虛」步入修道的層次。所以，不論形意或太極或八卦，只要方法練對，就不會對身體造成傷害，也沒有「散功」的問題。

　　練硬拳或硬氣功或鐵砂掌之類，需要靠一些藥洗、運功散，或傷藥來調理，稍有不當，就容易瘀氣成傷，老時

受苦。

太極拳，某些門派常有發勁的動作，一趟拳打下來，都是「面青面綠」、「氣喘如牛」的，如果運氣不順，就會被氣所逼，造成氣傷，長期累積下來，老時就會感受到氣傷所帶來的苦。某些阿師標新立異創造快太極，實為「散功」的始作俑者。

鬥牛式的推手，一時鬥勝了，拿個冠軍覺得風光，老的時候就有苦受。

格鬥實戰場面，令人覺得刺激，這些打手也是傷痕累累的，有了內傷而不自知，到時才來「散功」有用嗎？

另外，說玄一點的，遇到冤親債主來討債，任誰也逃不了的。在年輕時陽氣旺盛，陰的冤親債主不敢來惹你，年老的時候，陽氣衰敗了，他們就要來報仇了。所以，傷天害理的事、殺人放火的事、違背良心的事，通通不可以做的。

曾聽聞一位佛教界的菩薩開示，人將往生時，生前的所做所為，善的、惡的、不善不惡的，都會像搬電影一樣，一幕一幕的上映，一生做過的、想過的事，都會歷歷在目，映在眼前，這個時間只有幾秒鐘而已。如果生前做了大惡不赦的事，此時自己就會心生怖畏、恐懼，因為受報的苦果將要來臨，這種驚惶駭怕的心理壓力所帶來的苦，是更勝於肉體苦的。

佛教般若波羅密多心經言：「以無所得故，菩提薩埵，依般若波羅蜜多故，心無罣礙，無罣礙故，無有恐怖，遠離顛倒夢想，究竟涅槃。」有修行證悟的菩薩，了

知一切相，都是因緣和合，緣起緣滅，無所得的，勇於捨離放下，依般若波羅蜜多這個大智慧法門去修行，因此，心無罣礙，也因為心無罣礙，而沒有任何的恐怖畏懼，終於遠離了一切的顛倒夢想，到達真正的涅槃境界。

涅槃就是不生不滅、出離、解脫自在、無煩惱、真正的寂靜安樂。沒有修行的凡夫，臨命終時，不知自己將何去何從，又怕墮落到三惡道中，因此心生恐怖，這種心理上的怖畏之痛苦，是遠勝於肉身的痛苦的。

人老時，距離生命的終點，一日比一日的接近，當然會心生恐慌，產生心理壓力，這種相互的循環作用，直接影響到肉身，使得肉身引生病變，而致身心兩苦。

所以練拳，最後終究要走上修心養性的修行道路，不會再爭強好勝，整天打打殺殺的，整天想出名，整天想謀利。

人走了時，一切都是帶不走的，兩手空空，只有業隨身；如果能看破這一切都是無所得的，及時棄惡行善，那麼，臨走時，就能心無罣礙，無有恐怖；沒有恐怖就沒有痛苦，也就無須再擔待「散功」的問題。

太極拳行功心解開宗明義的說：「以心行氣，務令沉著。」練太極拳或內家拳，都是主張用心思、意念去行功運氣的，從來沒有叫人去練習重力或練習快拳，所以那些主張要去練習重力或練習快拳的偽師，都是叫人去走歧路，讓人永遠不能成就內勁功夫，更甚者因練習重力或快拳而導致氣岔、氣滯、氣瘀，到時才來說練功夫的人到晚年要實行「散功」，否則會生不如死的邪說，這是多麼的

荒唐呀！

「務令沉著」，務令，是加強語氣，一定要這樣的意思，太極前輩苦口婆心的告訴我們，練太極拳在行功運氣時，務必要「沉著」，這邊所謂的沉著，就是行氣調息時的穩定，呼吸要有節奏，不慌不忙，不急不徐，鬆鬆柔柔的，如行雲流水。最重要的是氣要沉，不要虛浮，不要氣亂，不要憋氣，不要氣喘。

如果去練重力，去練快太極，或打拳時不停的鼓勁、發勁，這些都是會耗氣、會損氣、會傷氣的，稍有不慎就會造成氣滯、氣結、氣瘀等等現象，如果沒有去作修正與調理或及時服藥，就會積集成病，老來體衰氣弱時，當然就會有病痛苦受。

行功心解說：「腹鬆，氣斂入骨。」太極十三式歌云：「腹內鬆淨氣騰然。」由此可知練拳一定是要「腹鬆」的，這個腹鬆，指的就是丹田氣的鬆柔順暢，若是練拳時一直硬著氣或憋著氣，當然會造成氣傷。練硬氣功，刻意把氣積集在某處，若不把它疏通的話，這也會造成氣瘀，尤其憋著硬氣讓人家打，更會造成傷害。重力練習或劈石砍磚或踢木板，這些林林總總，都是致命的傷害，都是愚人的練法，都是往後要實施「散功」的一群人。

所以，練錯方法才會有老年「散功」的問題，若能依經教而行，依明師的指授而練，則無須擔憂年老時，要把辛辛苦苦練就的功夫做一個「自廢武功」的「散功」程序，也無須道聽塗說那些「若不把功夫廢掉，臨終前會生不如死」的訛傳。

喻　勁

　　掤勁：把樹枝向一個方向拉著固定不放，感覺到樹枝有一股反彈的張力潛藏著，一放手樹枝就會崩彈出去，這就是掤勁的一個作喻。

　　你站在樹幹上或大的樹枝上，用力往下踏踩，樹幹、樹枝有彈性，它往下一沉又彈起來，這就是掤中的接勁與化勁。前提是樹的本身，根盤要深入而穩固，才能使樹幹、樹枝挺拔屹立而富有彈力。

　　沉勁：水果成熟了，有一定的重量，會自然的把樹枝拖垂下來，這果實的重量就是沉勁的感覺。

　　氣成熟了，有足夠的份量，自然也會有這種垂落的感覺。

　　手提舉起來，放鬆，不著一絲拙力，受到地心引力的吸引，自然有沉落的感覺。這是沉勁的一個譬喻。

　　脆勁：採水果，一下子就果枝分離，用的就是脆勁。

　　打撞球，定桿，母球定住，子球飛崩而出，使的就是一種脆勁。

　　打人發勁，不是用推的，像撞球的定桿，使人崩彈丈外。

　　另一種打法，人不崩彈出去，壓縮內臟，致內臟碎裂出血。這是把氣勁集積一點、一處，使不發散，在內部產

生爆破作用。如同把一枚西瓜放在桌上，集力一拍，西瓜碎裂。因西瓜被擊的剎那，因為沒有消解的退路，只能碎裂解散瞬間的壓力。這種打法需要擁有極渾厚的內暗勁及打擊技巧。

　　練拳，在日常生活中悟理，以事物喻拳理，更能引人入勝，易於悟入也。

* 內家武術不尚於拙力的運使，
　也不借外物器械，
　或外敷藥洗內服傷藥及運功散丸之類，
　而是以鬆柔平和的方式，
　令氣斂入筋骨，成就內勁，達到健康的目的
　與技擊的效果。

第四十八章

軍、警應當學武術

　　新聞報導，警察被陳抗團體爆打（2018 年 4 月 25 日），多人受傷，我們除了譴責爆力之外，也須更進一步的檢討警察的自衛能力，身為人民保姆，如果自己沒有防衛能力，又將如何保護善良的百姓呢？

　　現今的警察及憲兵，短期的訓練是不夠的，我以前是當憲兵的，在訓練中心雖受了四個月的嚴格訓練，但所練的擒拿、摔跤、刺槍等等的訓練，都是很膚淺的。

　　常聽老兵們說，憲兵被「海陸仔」打的事件，憲兵出去巡邏，遇見海軍陸戰隊的「海陸仔」不服取締或糾正，被打的事，是時有所聞的。

　　有位警校的警生來找我練拳，他表示，警察短期的訓練是不足以對付歹徒的，抓壞人都是要很多警察去圍捕的，有時還要出動快打部隊才能制服。

　　我的一個師弟以前是某警局霹靂小組的組長，他自知功夫不足，來拜我的郭師伯學形意拳（有拜師照片為證），他有學到形意的明勁，現在在日本教形意拳，成為在日本當地的台灣形意拳名師。

　　據說霹靂小組的格鬥對打訓練，穿的護套是美製的，有防彈衣的質材，穿上之後是打不痛的，但這有缺點，因為打不痛，所以警覺性就沒有了。

　　警察被打的事，層出不窮，有關單位似乎需要思考，警察應該要更進一步的接受一些武術訓練，以便自衛與保護善良的人民。

　　建議警軍可以考慮學練形意拳。以前的部隊是有將形意列入訓練範圍的，譬如刺槍術等，但現在憲兵及軍隊的刺槍術已經走樣，少了形意的蹬步與跟步。

- 以內家拳的立場而言，
  手是用來攻擊人的，
  不是用來打東西，
  不是用來推樹、劈柴、砍磚、打沙包、打死的木人樁。
- 打人是丹田氣的瞬間爆發，餘皆末事耳。

第四十九章

借地之力

　　我上課時對學生說練拳要「借地之力」，有人誤以為大地有力，我們借它的力來用。

　　事實上，大地是無力借給我們的，這個力，是我們自己的力施與大地，所得到的反作用力，回饋到我們的身上的，所以說借地之力，其實是借自己之力。

　　這個借，不是借貸的借，而是假藉的藉。

　　所以，盤架子需要借地之力去運椿，去運二爭力，去營造出阻力，這樣才能練出內功、內勁。

　　接勁走化，也是要借地之力的，把對方施給我們的強大壓力，借自己的身體回饋給大地，讓大地去承接、承受對手的勢力。

　　還有，發勁更是要借地力去打椿，讓自己打椿到地面所得到的反作力，回饋到自己的身上來、手上來，然後打到敵人的身上去。

　　打椿，是配合丹田氣的瞬間爆破力，傳輸給大地，這個椿打得越磅礡、快速、脆利，所發出的內勁，就更驚人、更神妙。

第五十章

眼鏡蛇與拳

眼鏡蛇攻擊人時，會豎起並擴張牠的頸部，這是牠的特徵。

這令我想起太極拳經論所言「虛領頂勁」、「頂頭懸」、「神貫頂」等語。頸部豎直起來，頭頂懸立起來，氣就能直行於百會，精神就提得起來，看起來就會炯炯有神，氣勢逼人。

武聖關公就有這個神威，他在行住坐臥當中，都是「虛領頂勁」的，在平常都是神氣內斂的；殺敵時，眼睛一睜，敵頭已經落地。

眼鏡蛇在遇敵時，會張大頸部，豎起身體的前半部並低吼，這能使蛇看上去比實際的體型要大，而且更威武。

眼鏡蛇的束頸低吼，令人心生緊張與怖畏；拳技在應敵時，由丹田發出雷鳴之顫音，有鎮攝、嚇敵之效果。

眼鏡蛇牠要攻擊人時，頭頸會先往後縮再迅速的往前噬啄，這就是拳理中的「摺疊」。

蛇類平常的蛇行，是一種 S 形的蠕動，是拳中「摺疊」的一種變相，透過這個「摺疊」，所有的爬蟲類才能行動，因為牠們沒有腳。毛毛蟲的「摺疊」是前後的摺疊，蛇類則是左右的摺疊。

我們學習拳術，運用「摺疊」理論，使各個關節與筋

脈產生摺疊的擠壓效應，可以增進氣血的流通，以及阻力的倍增，使內氣產生騰然作用，而斂氣入筋骨之內，成就內勁能量。

　　在技擊用法中，「摺疊」能使力道更集結，使速度更疾快，產生瞬間的爆破彈抖勁，令敵驚悚、喪膽。

　　拳法的運用，從動物的特性中，可以學到很多的啟示與竅門。

- 參加一個婚禮，
  場中放的音樂，低沉震盪，
  與自身的內臟相盪。
- 發勁，自身丹田的鼓盪，
  也是要如此的盪到對方身上去，
  這樣才有震撼效果。

第五十一章

何謂阻力

前式之勢力尚在行進中，後式的勢力已在蘊釀，接續而產生另一股相反的對拉，以及互相對抗的暗潮洶湧的內在暗勁，去與身旁的空氣互相摩盪，而引生的阻壓，這就是練拳時所營造出來的阻力。

打拳或練基本功，若是沒有去營造出這個阻力，打的就是空拳，就是花拳，是練不出內勁功體的，這樣的練拳，到老還是一場空。

二爭力，也是產生阻力的要因，腳樁的互相撐蹬，是比較簡單的營造阻力方式，前提是要先練出「入地生根」的穩固樁功。

打拳時身心鬆透，不著一絲拙力，手舉提起來，因為鬆的原故，會有自然的沉落感，這個沉落，除了手臂的重量之外，還涵括內氣的質量，我們要以意念去感覺內氣的沉墜。

有了內氣的沉墜質量，用我們手臂的筋以及內氣，去拖曳手臂的肌肉與骨骼，這樣阻力的感覺就更明顯了。

腳根的二爭力，不侷限左右兩腳暗勁的互相撐蹬，單腳也有互爭之力，利用腳後跟與前腳掌面的碾勁去引動單腳的前後二爭力，也就是腳掌前後的互相碾磨，照樣可以產生二爭力及阻力。

　　兩腳的二爭力，有虛實之分，不一定是左右五、五分的互爭，左右九、一分也可引生互爭作用，雖然虛腳只有一分力，卻能產生極為奇妙的撐持力。

　　打拳所營造出來的阻力，能使得我們在盤枝走架當中，把我們的筋脈伸展擴張開來，令內氣更易於滲入筋骨之內，斂氣成勁，這是吾人修煉內家拳功體的終極目標。

- 沒有人能催眠你，
  除非你自己想被催眠。
- 沒有人能指使你做惡，
  除非你自己心存歹念。
- 沒有人能阻止你練拳，
  除非你自己不想練拳。

第五十二章

「中廣寶芝林」節目訪問記

緣起：拙作《二師兄論拳》出版面市以後，中國廣播公司全國唯一的武術與健康節目「中廣寶芝林」主持人鄭富元先生，邀約筆者到該節目接受訪問。

以下是 2018 年 5 月 5 日接受「中廣寶芝林」節目訪問之紀實。

主持人：大家好，歡迎收聽「中廣寶芝林」節目，我是鄭富元。中國拳法，有一種剛中帶柔，柔中又帶剛的拳法，叫做形意拳，形意拳有什麼特色呢？發展歷史又如何呢？今天非常高興，為您訪問到對形意拳跟其他拳法都有深入研究的蘇峰珍老師，來談談形意拳與他練拳的心得。蘇老師，您好。

回答：主持人您好，很高興、也很榮幸能接受 貴節目的訪問。

主持人：首先想跟蘇老師請教一下，蘇老師練形意拳與其他拳術有將近四十多年的歷史了，您寫的武術書籍也已經有了六本之多，目前還在寫第七本呢，真是一位文武兼備的武術老師。

蘇老師研究的拳法很多，因為時間的關係，沒辦法一一為大家介紹，那我們今天就先以形意拳跟您的著作為主題，首先想請教蘇老師，能不能為我們說明一下形意拳的

創始人跟它的發展歷史好嗎？

回答：是的，謝謝主持人。形意拳相傳是由岳飛傳下來的，我們形意拳也尊奉岳飛為祖師爺，其起源可以追溯到清初山西姬隆風。據傳說姬隆風於終南山得到岳武穆拳譜，創造了形意拳。姬隆風門下，分成河南、山西、河北等不同派系。我們這一支，由岳飛──姬隆風──曹繼武──劉奇蘭──張占魁（兆東）──我的師爺王樹金──我的老師林昌立，直到我們這一代。

主持人：形意拳好像分為山西派或河北派，不知蘇老師的看法怎麼樣？

回答：我們這一派應該屬於河北派，但是老師當初教我們這個形意拳，從來沒有提到有關派別的問題，若要問我們的派別，我只能說，我們是台灣的鳳山派。

主持人：真的非常有意思喔，那麼請問蘇老師當初是怎麼開始想要學拳的？中間有沒有一些有趣或特別的故事？

回答：我從小對武術就很有興趣，在我家附近有一位大鼻師，他會打拳頭，是屬於走江湖賣膏藥的。我小時候就很嚮往武術，然後就請母親去向大鼻師說我想跟他學武術，大鼻師對母親說：「不必跟我學，教你兒子每天用拳頭打牆壁、打地下，就可以練出功夫。」因為我當時年紀還小，不懂武術，就傻傻的用拳頭打牆壁、打地下，打的手都腫起來，但是我並沒有得到功夫，所以就放棄了。

主持人：那後來呢？有沒跟其他老師學拳的一些過程？

回答：後來我當兵回來，在鳳山體育場遇到我的恩師林昌立先生，在那邊教形意拳，他打的是形意五行連環拳，這個拳我非常的欣賞，柔中帶剛，不是很用力，又覺得有內勁表現出來，我很喜歡，所以當下我就跟著林老師學形意拳。

主持人：請問一下，蘇老師有個特別的名字叫「二師兄」，為什麼會有「二師兄」這個名號出來呢？

回答：我們當初入門拜師是遵行古禮，在鳳山的龍山寺正式舉香磕頭拜師，行三跪九拜大禮，我們第一批入門的弟子共有六個人拜師，我排行第二，所以大家就稱呼我為「二師兄」，一直沿用下來，連不是同門的拳友也都稱我為「二師兄」。

主持人：老師在教形意拳的過程當中，常常提到「筋」這個問題，請教老師，筋到底是甚麼？能不能跟我們解釋一下？

回答：就我們內家拳來講，筋就是附著於骨骼表層及分佈於肌肉周邊的筋經、筋膜及韌帶等等，全身都有。

主持人：筋和發勁有甚麼關係呢？

回答：因為我們練內家拳的時候，是要行功運氣的，呼吸進來到體內的氣，透過一些鬆柔的練法，把筋伸展、撐開，在體內的氣產生了熱騰作用之後，這個氣就會滲透到筋骨、筋脈、筋膜裡面去，成為氣的結晶質量，也可以說是一種電能元素，也就是內家拳所稱的內勁。發勁就是利用這個電能質量所爆發出來的力道。

主持人：那講到這個勁，老師也常常跟學生提到掤

勁,請問什麼是掤勁呢?

回答:掤勁其實它也是內勁的一種,因為練拳的時候筋一伸展,內氣滲入筋脈以後,它會產生機動性與彈簧性,它有張力,也有承載力,在應用的時候它可以攻擊,也可以走化與防守。掤勁是太極八法之首,掤、捋、擠、按、採、挒、肘、靠,掤勁練出來了,其他七法幾乎也就一併成就了。

主持人:請問掤勁與內勁有什麼不一樣?

回答:掤勁是內勁的一種,我們在行功運氣時體內會產生熱氣,氣的熱騰會滲透到筋脈裡,變成一種能量,這個就是我們所稱的內勁。掤勁只是內勁的一種用法,太極八法,掤、捋、擠、按、採、挒、肘、靠都有內勁的內涵成分,只是它的用法與招式的不同而已。

主持人:請問老師,內勁有哪些不同的種類?

回答:以太極一般來講有掤、捋、擠、按、採、挒、肘、靠這八種勁。形意大致上分為明勁、暗勁、化勁三種。

主持人:請老師說明一下,什麼是明勁、什麼是暗勁、什麼是化勁?

回答:形意所說的明勁,就是出拳開展大方,力道集結快速,步法豪邁,雄壯威武,意氣看起來很風發,但明勁它不是使用拙力、硬力在出拳。

暗勁:在練暗勁階段動作就比較慢,氣要深沉,蹬步運樁的時候有一點好像是拖泥帶水的樣子,其實它是用暗勁用我們的暗樁,用撐地的力量來運樁,所以會有那個阻

力傳到我們的手上，形成一個暗勁的力道。

化勁：一般講的化勁，都是指拳法走化的高深技巧。其實它有一個更深層的道理，就是煉氣化神，煉神還虛，以及像形意前輩所說的「與道合真」，練到入道，這是一種修行的轉化境界，若是能達到「天人合一」的境界，我們就說他的功夫已達於「化勁」或稱為「化境」。

主持人：老師在教學生當中常提到「二爭力」，到底什麼是二爭力？

回答：所謂二爭力，譬如說以形意的蹬步來講，我後腳往前蹬時，前腳一定微微的往後撐，一個前，一個後，兩股力量在那邊互爭，這個就叫二爭力。二爭力有前後、有左右、有上下、還有一個有立體渾圓的二爭力。

主持人：那麼我們在拳經裡面有一句話叫「其根在腳」，這個跟「二爭力」有什麼關係呢？

回答：所謂「其根在腳」，是透過我們椿法的練習，使我們的氣鬆沉，然後沉到我們的腳底，腳底就是我們的根，「其根在腳」是我們太極拳常說的一句話，也就是說你椿入地了，入地生根了以後，腳就有了根，那不論說你是在打拳或者說是推手或散打，都是要用這個根來撐地，使之產生一個集結、飽滿、快速的力量，這個就是「其根在腳」。

「其根在腳」與「二爭力」有什麼關係呢？因為你腳有了根，如果再配合「二爭力」的話，那麼它所發生的阻力效果與發勁的威力就會更好。

主持人：那老師也提出一個特別的觀念，叫做「摺

疊」，以前沒有聽過耶，請問什麼是「摺疊」的觀念？

回答：「摺疊」在太極拳行功心解裡面有講到這個「摺疊」，我常常比例，以海浪來比喻，前浪去了，後浪緊跟著而來，前浪又退回來，與後浪產生一個相擠、相衝而產生的那個浪花，這個就是「摺疊」的一個比喻。在我們人體有九大關節，我們在打拳的時候，有前前後後的一個時間差的順序，譬如說我手掌向前推去了，再退回來，我們前後的關節也會產生一個衝撞、衝擊，這個就是摺疊。那麼這個摺疊有什麼作用？摺疊可以產生阻壓，使我們在打拳的時候阻力更增加，使那個氣、磁場，氣的場，它的推動更加的強烈。

主持人：老師也曾提到一個特別的名字叫「彈抖力」，能不能解釋一下，什麼是彈抖力？

回答：彈抖力主要是從樁法而來，樁法穩固入地生根以後，腳站得穩，然後也是靠著二爭力左右的互爭、動盪，再傳到腰胯、手上來，這一股疾速而且密集的一種顫抖的力量，就是一種彈抖力。

主持人：老師剛剛講到由樁法而來，就中國拳法很講究站樁，這個和西洋拳的跳動移位觀念好像很不一樣，請問站樁的目的到底是什麼？站久了是否會影響到移動的速度？

回答：站樁的目的是要達到鬆沉，使得內氣能沉到腳底，跟西洋拳它的差別是，西洋拳要跳動，它要移動，但是西洋拳的移動、跳動是比較輕浮的，它的重心比較不穩。那站樁的目的，是要使我們的氣能夠沉入腳底，穩固

腳步，你的腳能站穩了以後，你要移動，要進退、挪移閃躲，步法的變換，才可以借地力借的很深，它的移動會更有爆發力，而且更快速，身體也不會晃動、虛浮起來。

主持人：那請問站樁和發勁有甚麼關係？

回答：站樁和發勁關係非常密切，你如果樁法沒有穩固、沒有入地生根的話，你那個勁發下去，不能借到地的力量，那個反彈摺疊上來的力量，不會回傳到你的手上、身上，所以這個樁法一定要有成就才能發勁，發勁才能發生作用，這才是真正的發勁。所以樁法如果沒有入地的話，那個發勁都是一種拙力，一種硬力，不是真正的發勁。

主持人：那既然雙腳如果入地生根的話，那對移動的速度會不會有影響呢？

回答：不會有影響，而且移動的速度會更快。

主持人：怎麼會這個樣子呢？

回答：因為你的根入地以後，撐地的力量，入地的力量它會更集結而且快速，所以你在移動的時候，在做前進後退、左右挪移的時候，比一般浮動式的，身體浮浮的，很輕浮的移動，速度更快，而且步法更穩固。

主持人：中國拳法與一般西洋拳法，最大的不同點是，中國拳法主張用氣來練拳，那麼請問老師，什麼是氣呀？

回答：氣一般有很多種，那我們學內家拳，是將鼻腔所吸進來的空氣，深入到體內的丹田，它會產生一個物理變化，產生不同的電能，它和一般的空氣不一樣，我們內

家拳的運氣是將吸進來的空氣，深沉到丹田，並且透過丹田的鼓盪機制，使得內氣起到騰然的作用，氣騰然之後就會滲入到筋骨裡面去，成為一種內勁的能量。

主持人：那麼氣跟內功有什麼不一樣呢？

回答：氣跟內功其實是同樣的一個東西，只是一般練氣功的話，它沒有透過內家拳種種行功運氣的修煉方法，它只能使氣飽滿，但是它不能成就功夫；那我們內家拳除了練樁法以外，還要練氣的鼓盪、氣的鬆沉、氣的摺疊、螺旋等等，使得內氣能夠集結在丹田裡面，讓我們來運功、驅策、輸送內氣，能使得我們的筋脈充滿氣的質感，這就是我們所說的內功，也就是內勁。

主持人：那所以我們在打拳在發勁的時候，有內功跟沒內功有什麼不同呢？

回答：有內功你發勁出去，因為有氣場的補助作用，那個力量是一種氣的爆發，瞬間爆發，它比較集結、比較快速；如果沒有內功，打出去的就是一種拙力，是一種肌肉的力量，兩個相比較的話，內功是一種瞬間的爆破力，肌肉在出拳的時候，再多快也不會比炸彈的爆炸還快速。

主持人：要打到有這個爆炸力就得要有練氣功，那練氣功的話，有一個很重要的觀點就是要用丹田來練呼吸，請問老師丹田到底在哪裡呀？

回答：一般講丹田，都是說在肚臍下面一寸、或一寸兩分或三分，其實以我們內家拳的立場來講，丹田它不是一個穴位，也不是一個點或一個面，丹田其實是一個氣囊，就像一個氣球一樣，它是一個囊，在我們的下腹這個

地方，你如果有透過內家拳的練習，每天去積氣、養氣，我們的丹田就會像一個氣球，圓圓的、鼓鼓的、飽飽的，這個就是我們的丹田。

主持人：丹田呼吸與腹式逆呼吸有什麼不同？哪裡不一樣？

回答：丹田呼吸，其實我們一般普通人，沒有練過拳術或練過氣功的人，呼吸都是在鼻腔這邊進出，那我們內家拳的呼吸不一樣，我們是用丹田來呼吸，雖然氣有透過鼻腔進出，但是我們是利用丹田的鼓盪，來進行呼吸。

呼吸裡面又有順呼吸與逆呼吸，順呼吸就是吸氣的時候，丹田會脹滿，吐氣的時候就相反，就是凹進去；逆呼吸就不一樣，逆呼吸的時候，吸氣蓄勁就是把丹田往內壓縮，讓我們的氣跑到督脈、跑到命門、跑到兩腎，以及後面的脊骨，循著督脈上行百會，然後沿著任派回歸於丹田。

那內家拳為什麼要行這個逆呼吸，其實行逆呼吸還有一個作用，就是你在發勁的時候，一吐氣，剛好是一個逆呼吸，藉著這個吐氣「哼」一聲，丹田一鼓，這樣來發勁，那個發勁的效果，就會比較好。

主持人：那所以有氣、有丹田力，跟打擊力是不是有直接的關係？

回答：打擊力一般都是用肌肉連著我們的筋脈、骨節這樣在配合出力，這是一般的出力，比如說拳擊就是這樣。那我們的丹田力不一樣，丹田力就是我們出拳的時候，一定要用丹田氣的鼓盪、爆炸的那個威力，然後再出

拳，配合丹田氣的爆炸力，這樣的發勁，威力才會驚人。

　　主持人：那我們再回到形意拳上面來講，形意拳有一個很特別的步法叫做「跟步」，它的作用在哪裡？

　　回答：所謂「跟步」就是前腳進一步的時候，後腳也要跟著一步，跟上來，它的作用，就是在跟步的時候會產生一個前進衝勁出來，譬如說我們要出拳攻擊對方，你一個跟步上來，那個力道比你沒有跟步上來，那個力道會相差兩倍以上。所以形意拳它每一個招式一定都要跟步的。跟步的作用，就是加速與加倍力量。

　　主持人：那形意拳的發勁是在往前衝的時候發勁？還是後腳跟上來落地的時候發勁？

　　回答：它其實也不一定是跟步上來的時候才發勁，有時候它在拳頭先到對方身上，而後腳尚未跟到定位時，也就是身體還在空中尚未落地之間，就要發勁的。另一種是，拳頭與跟步是同時到達定位，是一種蹬步到位的同時、同步發勁方式，這兩種要看當時的時機來配合運用。

　　發勁與跟步的落點，在向前衝以及跟步落地的時候，都有可能發生，這要視當時的時機狀況而決定，不是一成不變的，兩者都具有同樣的發勁效果。

　　主持人：很多人都覺得形意拳都是直來直往，那真的都是直的嗎？

　　回答：形意拳原則上雖然都是直來直往，因為都是單招的練習比較多，但有時也是有所變化的，譬如炮拳與橫拳就是走斜角。還有單式練習時，走到盡頭的扣步回身式，也有類似八卦的擺扣繞圈步法，也是走圓弧的。其他

的子拳十二形，譬如鼉形、龍形、燕形、猴形、雞形等，它的步法就有很多的變化，不是完全直來直往。

主持人：過去有很多形意的名家，能不能請蘇老師說幾位名人的故事好嗎？

回答：形意拳名人的故事太多了，我就舉三個例子，簡單敘述一下：

李洛能 37 歲拜戴龍邦為師，最初二年只學一式劈拳及半套連環拳，戴母見李洛能是個樸實的人，因此要戴龍邦用心栽培他，李洛能精進練拳，十年大成，並且練成內家混元氣功，創造形意的新招式，如三體式樁法，還有形意拳這個名稱也是由李洛能定名的。

齊公博拜孫祿堂為師，他這個人比較魯直，孫祿堂教他站樁，一站就是三年，三年只練一個三體式樁法，從來都沒有教他什麼劈拳或什麼拳的，什麼都沒有，但是這三年一站，他的功夫就出來了，之後功夫就成就了。孫祿堂擔任江蘇省國術館長時，只把齊公博帶去赴任，在館內教授形意拳，齊公博也成為形意拳大師。

尚雲祥要拜李存義為師，李存義說：「學形意拳很容易，一學就馬上就會了，能練下去就難了，你能練下去嗎？」尚雲祥堅定的說：「能！」一句話很堅定有力，李存義只傳他劈拳、崩拳二法。尚雲祥日夜苦練，隔十一、二年，李存義找到尚雲祥，試了一下功夫，感到很意外，說：「你練得純。」從此正式教尚雲祥形意拳，終於大成。

我為什麼要舉這三個例子呢，這只是說明形意拳的招

式都是很簡單，你只要把它練精、練熟，功夫就會上來，就會上身。練拳貴在精、在熟，而不在多，貴在有恆、持續，你只要一招把它練得精純，功夫就會出來。貪多嚼不爛，練拳貴在堅持，要能持續不斷的練下去，功夫才能夠成就。

主持人：是的，大家要記得，練拳貴在精，不在多，希望大家都能找到一個自己喜歡的拳，只要能好好的練習，一定可以得到拳術精妙的地方。

今天非常謝謝蘇峰珍老師接受我們的訪問。

回答：也謝謝主持人和各位聽眾。

主持人：中廣寶芝林，我們下次見。

回答：大家再見。

- 站樁的目的不是在練腳痠，
  而是讓氣落沉於腳底，
  這樣才能運樁與打樁。
- 不會運樁，練不出內勁；
  不會打樁，則不會發勁，
  由此可知樁功之重要。

第五十三章

形意修煉的是意志力

　　形意拳真正要練的是超拔堅忍的意志力，而不在於外部的形體動作；因為形意拳每個招式都是非常的簡潔，一學就會的，可是能持續練下去就難了，這些話是李存義對尚雲祥說的。李存義只傳了劈、崩二拳給尚雲祥，尚雲祥練了十一、二年，這就是堅忍超拔的意志力。

　　有很多人學形意，幾個月就把五行拳、十二形以及套路全部都學完，認為已經功課完畢，以為練來練去還是那幾下，一會兒就興趣索然了，不想再練下去，中途就退墮了。他又去學其他的拳，學了新的，忘了舊的，一眨眼，光陰飛逝，年華已老，什麼功夫也沒學到。

　　形意的招式確實是很簡單的，五行拳動作再多也不會超出三個，所以一學馬上就會，然而，形意要學的不是外表的招式，而是內涵。

　　形意的內涵，包括丹田氣的養成及丹田氣的鼓運，椿功裡面有運椿、打椿、明椿與暗椿，還有二爭力與阻力的營造運用，在盤架當中，如何伸筋拔骨，令氣注入而斂聚，如何成就明勁，如何修煉暗勁，如何斂氣成勁，等等，種種，這些功夫絕非三、五年而可速成的。

　　所以，如果沒有超拔堅忍的意志力，是無法成就形意功夫的。形意的五行拳，夠你練一輩子也不會覺得厭倦

的，只要你練對了方法，不求急成，慢工出細活，火候到了，功夫自然成。

練打形意，就像在挖寶，要挖得久、挖得深，寶貝才能浮現出來，如果只是三、兩下隨意揮毫，是覓不著寶的。

形意功夫全在三體式與五行拳裡面，練功夫，不在多，不在雜，在精、在熟，要煉之再煉，才能生鐵煉成鋼。

形意五行拳雖然至簡，但裡面有挖掘不完的寶貝，挖到深處，泉水湧出，才能識得什麼是形意，才能懂得為什麼形意能「硬打硬進無遮攔」，才能明白什麼是「不招不架，就是一下」，才能知道什麼是「英雄所向無敵」……等等這些道理。

形意，練形也練意，更練這個意志力，只有男兒好漢才能擁有這個雄心壯志，才能持續堅忍的去修煉這個功夫，成就萬中之一的平凡而微妙的高深武功。

- 清晨之時，
  大腦皮質顯出高振幅的（α阿爾法）腦波，
  處於心智的高峰期，
  此時讀書最能記憶；
  此時練拳最能悟理。

第五十四章

拳與動

練拳，就是一個「動」字，無論是練拳架或實戰格鬥，一定都是要動的，動則活，活則靈。

然而，這個「動」是有規矩、有規律的動，不是亂動，不是毫無章法的搖動、晃動。

太極拳經云：「一舉動，周身俱要輕靈，尤須貫串。」何謂「一舉動」？一舉手、一投足、一顧、一盼，全身肢體各處之舉止動作及眼神的顧盼等等，都屬於「一舉動」的範圍。

「一舉動」可以說是初始的啟動，也就是說意念剛剛啟動而身體接續連動的最初狀態，換言之，在意動、氣動、身動中所含括的精神所放射的韻致與肢體所呈現的樣態。所以，「一舉動」是涵蓋著周身每一部分的「舉止」與「動作」的，涵蓋了表情神韻與肢體語言的，不只是動作而已。一舉動，是「一動無有不動」的，是一動全身皆要俱動的。

在這個始動、初動、啟動之中，全身各處都是需要「輕靈」的。何謂「輕靈」？輕靈就是輕鬆與靈活。輕，不是輕忽、浮動，搖擺不定；靈，是在沉穩中，能夠輕快的移動、變換虛實。

輕，是鬆而不懈，不著一絲拙力，外鬆而內沉；靈，

是精神靈魂的活潑、安逸、恬適等等。

　　輕靈是減少身體能量的消耗，儲存、匯聚內勁的能量。內家拳，不只是表現肢體的輕活，更要展露內在的靈氣與神韻。所以，「輕靈」是身、心、靈俱要鬆柔、安逸與靈巧的。

　　貫串，就是貫穿、串連、結合一體，也就是一動全身俱動之意。不論外形內意皆不可分離、切割，是為「完整一氣」之表徵。

　　動的反面是不動。練拳也有「不動」的一面，譬如站樁，要「身不動，心不動」。身不動，是肢體的一種靜態；心不動，是意念的沉著，不胡思亂想。身不動，心亦不動，身心才能慢慢地靜定下來，氣也才能達到鬆沉的境地，至而騰然起來，終而斂入於筋骨之內，成就內勁能量。

　　在格鬥實戰時，是「敵不動，我不動；敵微動，我先動。」在實戰中，是要沉著的，精神狀態與內氣都是要安靜沉著而不浮亂的；若氣不沉著，則身輕浮而晃動，是一種緊張與驚惶的呈現，戰鬥已經輸掉了一半。所以格鬥時，不宜亂動，要伺機而動，要觀察情勢而動。

　　先動有一個缺點，就是自露行跡，露出空門，易為敵所乘，所以要敵不動，我不動。

　　那麼要如何才能「敵微動，我先動」呢？這個靠的是靈敏的神經反應與實戰經驗。內家拳練到一個高的層次，反射神經會變得非常的靈敏，一有風吹草動，即能感而預知，這就是達到了懂勁而階及神明的境界，所以敵方稍

有身動或意動，即能感而知之，也就是形意前輩們常說的
「感而遂通」之意。

在拳架的練習當中，還有主動、被動與互動。盤架
子，意念是主動，是先動；在肢體而言，腳是主動，手是
被動，太極拳經云：「其根在腳，發於腿，主宰於腰，形
於手指。」所以，其根在腳的腳是主動，形於手指的手是
被動。

拳諺云：「太極不用手，用手非太極。」這句話的意
思，並不是說打太極拳不用手，而是說手是被動的，是被
腳拖曳而動的。

打拳為何這個手要被腳拖曳而動呢？為什麼手要處於
被動的地位呢？因為手不主動，被腳拖曳而動時，才能使
手在被拖曳時，產生一股阻力出來，也唯有這一股阻力被
營造出來，內氣才能被感應出來，被呈顯出來，這樣的打
拳，這樣的行功運氣，才能使內氣產生騰然的作用，終而
聚斂於筋骨之內，成為一種內勁能量。

在發勁做攻擊動作時，意念在先，意念先動，意念引
動丹田氣去打腳樁，這個樁打下去，它會反彈摺疊到身上
來、到手上來，這個反彈摺疊的回饋，表面看起來似乎是
同時同步的，而事實上它是有千萬分之一的時間差的，所
以實際上在身體而言，也是腳在先手在後的，是腳主動，
手被動的。

人際關係講求「互動」，拳的練與用，也須講求互
動，前後、左右、上下都要互相照應，互相牽動。意與氣
要互相照應，氣與勁要互相照應；手與腳要互相照應，肘

與膝要互相照應，肩與胯要互相照應。在內的意、氣、勁要互相聯繫，在外的手腳、肘膝、肩胯要互相對應，彼此照顧，這就是互動。

練拳時，眼觀鼻，鼻觀心，心照大地，這是眼、鼻、心互相照應；百會與湧泉相對，這是上下的互對，天地的相照；氣海要與命門相照應，任脈與督脈要相照應，這是前後的互動、互相照應；左右手、左右腳的對立，也要有虛實的互相照應。

太極拳經云：「有上即有下，有前即有後，有左即有右。」就是此意。全身四面八方皆要「互動」、「互照」，這才是全體大用。

練拳的人形形色色，台諺云：「一樣米，餵百樣人。」有時老師教一個拳，有些學生就依樣畫葫蘆的比劃比劃，離開練習場，就忘光光了，不會去複習練習的，這是屬於「不動」的人。

有些學生練拳，老師教他練一下，他才練一下，老師不看著的話，他就在一邊納涼，他練拳好像是為老師而練，是練給老師看的，這類是屬於「被動」的。

有部分學生，老師教一個動作，他就一直練，一直練，練的不太順當時就會來問老師，然後再練；這學生回到家裡，他也會安排時間去練拳，等到下次上課時，他會提出一些問題請教老師。這類學生是屬於「主動」型的，是屬於精進型的，但這種學生是少數，是很難遇上的，老師要找的就是這種學生，老師喜歡的也是這種學生，但是要有緣才能遇上。

　　人際關係講求「互動」，學拳也是一種人際關係。師兄弟之間的互動是很重要的，師兄弟之間感情的培養建立，對於練拳的助益是很大的，老師講過的、教過的拳法，師兄弟之間可以互相討論，互相切磋，從中而得到改善與進步。

　　又譬如練習推手或散打，師兄弟是最好的配手，你去外面找人推手或實打，彼此認識不深，有時難免在打鬥中發生變臉，互不相讓、互不認輸，而引發無謂的誤會與傷害。師兄弟間的切磋，個性彼此瞭解，不會發生誤解與傷害。所以，師兄弟之間是需要時常互動的，保持一份兄弟情懷。

　　還有，老師與學生之間的互動更是重要的。師生之間的關係，要亦師亦友，老師不必擺一付學究面孔，應該把學生當作是朋友或當成是自己的親人一般。學生對老師，尊敬是需要的，但要有一份親和感，要主動去親近老師，把老師當成自己的朋友或長輩般的親近。

　　想起當年，我遇到我的師伯黃景星先生，他那像彌勒菩薩般的慈容笑臉，是我親近他的緣因，我常帶半瓶台啤和一些切料，找師伯泡茶談拳，我們的話題總離不開拳，一談起拳，師伯就眉飛色舞，有說不完的拳事。

　　就因為這樣的親近，這樣的投合，就像兄弟一般。我從師伯身上學到不少的拳功，包括推手、餵勁、散打等等。師伯以前曾在酒家當會計，鬧事打鬥的場面經驗多了，師伯當時的職務雖說是會計，事實上遇到鬧事場面，他是要出面來擺平收拾的，所以是身經百戰的，這些技巧

與經驗，師伯是毫無吝嗇的教了我。如今，師伯已往生多年，我還是非常的懷念與感恩師伯的。

我之所以要提這件事，一方面是感恩懷念師伯，一方面也是在提醒後輩學者，師生之間，是要「互動」的，是要互相建立感情的，你有那份懇切的真情真義，要得到老師功夫的寶，實在是不難的。

以前的人練拳，師生同住一屋，朝夕相處，情同父子，久之，心靈相通，第六感互相通達，有時師傅教一個拳法，不必用口頭講，而是以心相傳，這叫做「心授」，以心傳心。

拳法，有些深層的道理，是無法用口傳的，因為口傳怎麼講也講不明白，這時只有「心授」，以心傳心。有時傳拳，是得用這個「心」去傳，如果師生之間，心靈相通，心有靈感，師傅的一舉一笑，徒弟就能會意，得到了心法。

佛教拈花微笑，是一個很好的例子，佛陀在靈鷲山傳法，拈起一朵金婆羅花，神態安詳，眾人不知佛意，只有迦葉尊者破顏輕輕微笑，佛陀說：「我有萬有精深佛法，可以超脫生死，修成正果，其中妙處難以言說，我以觀察智，以心傳心，教外別傳，現在傳給摩訶迦葉。」

這就是禪宗有名的「拈花一笑」典故，佛教也把摩訶迦葉列為禪宗第一代祖師。佛陀所傳的心法，只能用心領會感悟，無需語言文字，這就是「心法」。

心法的傳授是「心有靈犀一點通」，這個心靈的相通，需要師生感情的培養建立，有那份感情的建立存在，

心靈才能相通互契，傳法才能以心相授。

　　師生相聚，要靠一個「緣」字，有緣則聚，聚而能「互動」，互相關心、關愛，這是很難得的一份情感，這個情感是互相的，不是單方的，不是一廂情願的，雙方的自然投射，就能放出情感的電能，互相吸引，綻放電的光芒。

　　感情需要培養、培育，今時不像古代，師生同住一屋幾乎是不可能的，然而現在網路發達，可以依靠網路建立情感，傳個 LINE，發個簡訊，也可以互通訊息，建立感情，就看有沒有那一份真心真情，有的話，對方一定能感受的到。這就是「互動」，互相感動，這得付出誠摯的真情。

- 功夫不屬於哪一個人，
  哪一個門派。
- 自詡是某個門派第幾代掌門人或傳人，
  或自立宗門者，
  都是中了武術虛榮病罷了。

第五十五章

第三隻拳頭

　　正常人只有左右兩隻手，兩個拳頭，內家拳修煉者，多出了另一隻拳頭，那就是我們的小肚肚丹田。

　　丹田只是一個小腹，又不會出拳打人，怎麼會是另一隻拳頭呢？

　　我們平常練習站樁，呼吸很鬆、很慢、很深、又很沉的鼓起與縮收，丹田內轉，氣息在丹田內往復來回動盪，施行的是一種腹式的逆呼吸，吸氣時，丹田內縮，把丹田氣壓縮運送到背部的命門、兩腎，夾脊，循著督脈上行百會，再順著任脈回歸到丹田，在氣沉丹田時，以意守著，久之，內氣匯聚於此，飽滿而圓實，就像一個小氣球，裡面充滿著活絡的氣，這個氣可以抗打擊，就像金鐘罩護體一般；這個氣可伸可縮，可開可合，可蓄可放，打拳發勁，丹田微鼓一下，暗哼一聲，順便打一個暗樁，這個勁發出去，力道是非常驚人的，好像炸彈的爆破一般，因為多出了一個肚子，多了一個丹田，就好像是第三隻拳頭。

　　拳諺云：「全身皆手，手非手。」這是說一個聽勁靈敏的練家子，你打他哪個部位，他那個部位就會做出自然的反射作用，反過來回打你，所以說打人是用不到兩隻手的，而是用全身各個部位所代表的反射手來打人的。也就是拳諺所說的「沾到何處，何處發」之意，這完全是依靠

身體各處的觸覺神經的靈敏反射作用，所產生的不可思議的效果。

太極體用歌云：「身似行雲打手安用手，渾身是手手非手，但須方寸隨時守所守。」

這個「**身似行雲**」，指的是打拳架；「打手」指的是推手與散打。身似行雲是說盤架子時身體的輕靈鬆柔，不著一絲拙力，好像天上的雲朵，悠悠然的遊行；打拳架，手是被動的，被腳腿腰胯所牽動，因為手不是主動的，所以才說「安用手」，安用手的意思是說「哪裡要用到手呢」，打拳是不必用手的，所以才說「安用手」。

打拳架是「**安用手**」；推手與格鬥的「打手」也是「安用手」的，不是依靠手推人、發人、打人的，手只是一個替代的工具，真正打人、發人的是丹田，只有丹田氣的引爆，配合全身肢體的連鎖運作，才是真正的發勁，才是真正的「打手」。

在格鬥實戰時，是「**渾身是手手非手**」的，憑的是自然的反射作用所引生的回打；若是要全靠兩隻手來照顧全局，總不免會「掛一漏萬」的，兩隻手是照顧不了全局的，所以要練就靈敏的聽勁反應覺知。

「**但須方寸隨時守所守**」，方寸，就是一寸見方，是指人內心的心緒，成語常說：「方寸已亂」，就是指心中情緒已經錯亂。在實戰中，我們的情緒、思緒要鎮靜集中不亂，隨時隨處都要守住應該固守的地方。那麼，全身應該固守的地方有哪些呢？可以說每一個方寸、每一個肌膚都是須要固守的，然而，我們只有兩隻手，如何去固守全

身，照顧大局呢？

　　「守所守」，守住應當固守的地方就是「守所守」，也就是俗話說的：「兵來將擋，水來土掩。」之意，這是比喻對方用什麼手段，我就用相應的方法來對付他。但是兩隻手要固守全身是比較困難的，所以，用丹田氣來固守全身，是唯一周全之法。

　　丹田之氣，可以運送到全身各處，哪個地方需要它，你意念一指引，丹田氣就會到那個地方，意到氣到。這個充足的氣，是可以抗打擊的，而且還可以做出反擊回打的。內家拳練到高階層次，就有這個能耐，在適時做出正確的防守與回擊反應。

　　拳諺云：「全身何處不丹田。」意思是說丹田氣的作用是遍佈於全身各處的，被沾到任何一處，那一處就會做出適當、適時的反應，你打我的胸部，我的丹田氣就會輸送凝聚到胸部，形成一個防護體，適時的束身裹勁，成就抗打擊的作用，而且順勢做出適當的反擊回打，這就是丹田氣的神妙效果。

　　所以說，丹田是另一個大拳頭，只有懂勁而階及神明的練家子，才能善用它。

　　• 有時要擊中對手，最好的方法就是退後一步。
　　• 退是進的階梯，
　　　該進則進，當退則退。

第五十六章

站椿正尾閭

　　站形意的三體椿，先正尾閭，尾閭正則身形正。

　　尾閭為什麼會歪斜不正呢？

　　因為後腿無力，不能支撐上半身的重量。所以，練這個椿法，要慢慢的將重心往後坐落。初練，先求前腿四分重後腿六分重，須練至前三後七，練拳要堪忍一些微苦，才能成就形意的這個技擊椿法。

　　這個椿成就之後，才有蹬步的本錢；這樣，要練明勁的蹬步及暗勁的運椿，才會有些樣兒。

　　有人練形意一、二十年，沒練到功夫，來找我學拳。我教他這個三體椿，他站起來就是歪歪斜斜的，尾閭不是翹起來，就是歪一邊，把他調整喬一喬，他整個人就倒下去。

　　二十年練下來的成績就是這樣，他的老師是有過失的，沒有把學生調教好，浪費了學生二十年的大好光陰。

第五十七章

一對一預約式教學之感言

　　開辦一對一預約式教學至今已將近兩年，從全國各地來求學練拳的學員，真的讓我感到由衷的敬佩，他們愛拳成癡，不遠千里而來。

　　梁君，住台中，是個外科醫師，在台中學形意、八卦與太極，斷斷續續的約有二十年之久，學的都是一些拳架套路，他來找我，說這些不是他想要的，拳架套路學那麼多，一點也沒用。

　　梁君第一次來練拳，我從形意的三才技擊樁教他，他的基礎確實是沒有打好，樁功站起來就是不穩的，這個基楚沒有打好，學那麼多的拳架套路，到老猶空，徒浪費了寶貴的時間與金錢。

　　我教他蹚步、打樁以及劈拳的拆練拔鑽等，他說這些基礎，原來的老師都沒教，也沒有要求，他知道他浪費了二十年的光陰。

　　陳君，原來在大陸工作，也在那邊學陳氏太極拳，約有八、九年之久，陳君是隨陳○○的後輩學拳的，他有很多問題，都得不到老師的回答，老師跟他說，你跟著練就是了，不要問那麼多。

　　陳君說，在大陸學拳，老師一直教新的，一套學完又有另一套，永遠學不完的，每天練拳架四、五趟，新生與

舊生混雜而練，大家依樣畫葫蘆。

陳君在大陸買了我的書《太極拳行功心解詳解》滿心歡喜。他辭了大陸的工作，迫不及待的回台灣找我，他許多沉積已久在心中的拳的疑問，一一為他圓滿的解答，他說要來跟我學拳，已經來上了兩次課。

為什麼要舉這兩個例子呢？許多學拳的人，他們追求的並不是很多的拳架，以及那些練不完的套路與刀、劍、棍、棒等等兵器，他們想要的是實體的功夫，不是空心的花拳繡腿。

但是，現在坊間的拳場，已經走向商業化，不教實用的功夫武學，使得我們的武術文化藝術，趨向於好看而不能用的花拳把式，真是令人感慨萬千。

我的一對一預約式教學，專對這些學了甚久卻得不到他想要的東西而設計的一種濃縮精專的教學方法，也為遠程而無法就近練拳者而設想的一個教學方式。一個節次的精華緊密操練，勝過三個月的散練，縮短成就功夫的時間。

這些遠地而來的求學者，真的令我非常的感動。俗話說「近廟輕神」，有時候因為老師就在你身邊附近，你反而不會覺得珍惜，上課總是有一搭沒一搭的，不是遲到就是請假或曠課，如果是為了工作事業，當然是無可厚非，若只是為了玩樂或懶散，那就是對不起自己的，並不是說繳了學費，就可以隨便而不敬業的。

要真正的珍惜每節次的上課時間，一個道場，需要學生來莊嚴。

助人為樂

　　我們周日在鳳山文華國小的中庭練拳，一位八旬左右的年長阿伯步履蹣跚的走過來，看我們練形意拳的暗勁操演，阿伯全神貫注的看了一刻鐘，才慢慢地朝操場方向走去，大概繞了幾圈，走步運動完，又折回來。

　　阿伯緩緩地走近我身邊，對我說：「老師，我右腳無力，要做什麼運動？有什麼方法可以改善？」

　　陪阿伯一起的是他女兒。女兒說：「爸爸曾經中風，雖然復健有好一些，但後來又跌倒，右腳就不支力，走路會一跛一跛的。」

　　我問阿伯：「醫院的檢查，骨頭韌帶有無受傷？」

　　阿伯說：「檢查結果骨頭韌帶都是正常。」

　　我教了阿伯站渾元樁與甩手功。先教阿伯吐納運氣法，心先入靜，待氣機微動，行逆呼吸，令氣由督脈上行百會，下引至丹田，續往下運送到腳底湧泉，行一個周天循環。

　　再來就是甩手功，甩手時要曲膝落胯，上下起落，加強氣血的流通。

　　我跟阿伯說，早晨起來，空腹喝一杯溫開水，再做甩手功，可使水在腹內滾盪搖動，能去淤氣，將廢氣排出。

　　中風會影響腦神經，入靜可使腦神經起到鎮定作用，

增進氣血的暢通。

　　阿伯很認真地聽，逆呼吸對他來講，似乎比較困難。一般人都不會調息吐納，只會自然呼吸。

　　還好，阿伯身旁的女兒，拿了手機錄了全程的動作與講解。

　　希望阿伯能早日康復。

- 太極的沾黏在格鬥中如何使？
- 對方直拳快速打來，怎麼才能沾黏住？
- 古人用竹簍網魚，進入的簍口大，尾部小，魚游進就出不去。
- 以肘為圓的中心，手掌為外圈的大圓，就容易沾黏住對方的直拳。
- 方法有退步沾黏，有向前截勁沾黏，但這個截勁須有膽量與自信，才能手到擒來。

第五十九章

練拳不思議

　　練拳有人覺得是苦的，但是趣味的事也是時有所聞的，有些不可思議的事情，更是值得玩味。

　　我的學員顏君，與朋友閒聊，他身旁有一枝電線桿，他無意間的觸摸了一下，被電擊震開數步，朋友以為顏君在賣弄玄奇，用手去觸摸，水泥桿硬硬冷冷的，一點被電的感覺都沒有，顏君不相信水泥的電線桿會電人，又觸摸了一下，又被震開數步遠。

　　練內家拳，有了內功，有了內氣，體內就有了較強烈的電流，也就是一種電能，能與實有的電流產生互相感應，真是不可思議，拳友們，您有這樣的經驗嗎？

　　學員楊君，在家中做家務，赤著的腳，忽然覺得地板滾燙，腳板好像被燒著一般，楊君看了一下地板，用手去摸摸，地板是涼的，並無異狀。

　　這是體內的氣流剛好下行的腳部湧泉，與地氣產生感應，產生的電能交叉碰撞。

　　內家拳練到一個層次，體內的電能增強，發勁要跌人丈外，或許指日可待吧？

　　其二，某天上課，楊學員說了一個練拳心得，他以前

開玻璃罐裝的花瓜罐，總得先把罐沿的兩個凹陷點敲打鬆開，再使力轉好幾下，才能轉開。現在則只要略施一個暗勁就能輕易打開，他很高興有這個成就。

　　這是內暗勁稍有成就的一種現象，很多不可思議的成果，會源源而至，繼續努力吧。

　　學員王君，他的夫人好多次無意間碰觸到他的身體，覺得被電了一下，嚇出一身冷汗，有時想擁抱一下，都覺得怕怕的。我想這會不會影響到他們夫妻的恩愛親密？事實上這種電流感應，並不會時常發生，要剛好互相間的氣的磁場恰巧相應，才會發生觸電感覺。有時被電一下，產生一個合體共鳴，應該也是不錯吧？

　　這個經驗我也曾經遇過，而且大部分是男生電女生，這或許是男生的陽氣較強的關係吧？

　　其二，王學員的夫人拿起一塊冬瓜糖凝塊，準備切成兩半，一塊先煮冬瓜茶，一塊冰存起來。可是拿起菜刀，怎麼切都切不破；王君提起菜刀，沒用力，輕輕一落，分成兩半，刀子直貼到砧板上。

　　王學員自己也感到甚為奇妙，不可思議。

第六十章

拳不「落單」

　　何謂「落單」？落入了單一之數，謂之「落單」。

　　大多數的動物，都是群居的，都是群體生活在一起的，在弱肉強食的物競天擇環境中，尤其是比較善良柔順的動物，為了大伙的互相保護、照顧，所以就會自然的聚集在一起活動。

　　偶爾稍有不慎，落了單，牠就會成為被獵食的一個單方，很容易失去生命。

　　流氓在街頭打群架，靠的是群體結合的一個力量，如果是一個人，就是一個孤單勢力，很難發生大作用。若是落了單，肯定是挨打的。

　　回到主題，這裡所說的落單，並不是指打架、格鬥之類的，這個「**落單**」是指打拳落入了單邊、單向、單獨的一個局部的動作之中，也就是說盤拳沒有發揮整體之力道，沒有使出「整勁」，也就是拳經所說的「完整一氣」。

　　很多人打拳，只有手在那邊舞動，有的雖然各處都有在動，但是手是手，腳是腳，身是身，沒有一個整體協調的連動性與貫串性，這個「動」是「各行其是」、「各自為政」的。我通常會把這種打拳方式稱之為「弄屎花」，一坨屎丟在那邊，本來是不怎麼臭的，可是被攪挑散亂之

後，就其臭無比。

拳打得好不好，只要保守一點，不要愛炫，不要出來秀場，這樣沒人知道他的底，不知他是好餡還是壞料，一旦露了臭餡，眾皆聞知，這豈不是自尋苦惱，自取無趣？

網路很多自以為是的阿師，打的拳就是「弄屎花」，不堪入目的。但是人總是不知自己的醜，再醜的人還是會認為自己是最美的。

以唱歌來說，你如果去參加一次遊覽車式的旅遊，就可以感受到這個情況，大家爭搶麥克風，愛炫、愛秀的那種場面狀況，真是令人瞠目結舌的。每個人都是覺得自己唱得最好。

我常常愛舉一個例子：尚雲祥去找李存義學形意拳，李存義叫尚雲祥先打一趟他原先練的功力拳，尚雲祥練完他的拳，李存義說：「你練的是挨打的拳。」

看一個練拳者，他的拳好或壞，能不能用，要看他的整體性，他的勁整不整，他是不是只有手在動，只有手局部在使力，只有手在那邊「弄屎花」，如果是，這個就是李存義先生所說的「挨打的拳」。

一個人他拳打得好不好，要看他的「根」，根穩、根活、根靈，根穩而輕靈，善能虛實有緻，變化神妙，算是好拳；還有就是整勁的表現，完整一氣的流露等等。

一個內勁有成就者，行拳時，看得到從自身中所運使出來氣感與外頭的空氣互相感應所引生的重重阻力；若沒有這個阻力的顯現，打的就是空拳，就是花拳，就是「弄屎花」的拳，就是「挨打的拳」。

　　打拳絕對不是單一面向的，右拳打出去，左拳會自行縮回，腳向下打樁，拳會往上往前崩出，這是一種自然的力學原理。太極拳經說：「有上即有下，有前即有後，有左即有右。」又說：「如意要向上，即寓下意。」此乃自然之理也。違反自然，即是悖道，即是悖理而行。

　　行拳的整體力與連結貫穿力，由何而生？由「其根在腳」而生，太極拳經云：「其根在腳，發於腿，主宰於腰，形於手指；由腳而腿而腰，總須完整一氣。」這句話就是在闡述練拳時的結合統一力道，這個完整一氣的整勁，必須從腳根出發，由丹田氣的主導，引領身中的「三盤」同時運作，一動無有不動。

　　三盤的根必須相連相顧，肩根、胯根、腳根必須連成一氣，整體的活動就像軟鞭的的游走一般，將力源由底部往前擠送，也似游龍之騰雲駕霧般的滾盪，神氣萬千。

　　腳根的運作，我把它立名為「運樁」，打拳如果不會運樁，身子看來就是虛浮而不穩固的。運樁必須樁氣的入地，氣沉而深植地底，成為身體移動時的一種支撐力點，也因這個支撐力點的植入地底，而使得身體的往復牽動，有了一個引動力，有了這一股引動力，才能產生阻力，也藉著這個引動力所產生的阻力，與外層的空氣互相摩盪，而導引氣的磁場與我們的身體裡面的氣，產生共鳴及共電作用，如果用白話簡單的講，就是藉由這些動作而產生電能，使這個電能滲入到筋骨裡面，這就是行功心解所說的「收斂入骨」、「氣斂入骨」、「斂入脊骨」，這個被收斂、被斂入的電能，就是成就內勁的勁源，也可以

說，內勁就是氣的昇化，內勁就是氣的結晶體，內勁就是氣的化身。

骨頭在身體的內層，骨頭的外層包覆著筋脈、筋膜、韌帶等等，氣的滲入，先到筋，再到骨。氣入骨當然也就入筋，筋骨都充滿著氣，充滿著電能，這就是內家拳所追求的內勁功夫，內勁成就，功夫才能成就。

沒有內勁的成就，即使會打，仍不算功夫成就，只能說是技術面有成，離功夫的成就還有十萬八千里之遙。

打拳落單，單一使力，局部活動，根不穩、不活、不靈，沒有虛實，這不是拳，這只是粗劣的運動把式，不能與人談拳；若是，愛炫，自以為好，那只能令懂拳者，無限噓唏。

- 賢言：「欲做事，先學做人；欲練拳，先學讀書。」
- 讀書開智慧，學拳需要悟性，需要智慧。

第六十一章

尋根與覓筋

　　尋根，聽過；覓筋，似乎未曾聞說。

　　人的生活當中如果沒有根，就像浮萍一般，不知要飄流向何方。遊子流浪四方，花花世界雖然令人眼花撩亂，無限嚮往，但是外頭畢竟風浪襲人，找一個避風港，成為旅浪人的心之所求。

　　人無根則不能立，這個根就是腳，人靠腳而能站立、行走、跑步；人也靠腳而能練拳、打拳，所以，腳就是打拳的根。

　　很多人打拳，只是用手在打，不會用腳根來打拳；用手的局部力打拳，看起來就是沒有協調性，沒有貫串性，沒有整體性，成為單方的拳勢，成為各行其是的花拳。一般而言，硬拳系統比較習慣以手的局部拙力揮拳，因為缺乏整勁的訓練與成效，所以往往為了要表現這個出拳的力道，只好渾身解數的用手的局部力來揮舞。

　　練太極拳的人，大部分都知道「其根在腳」這句話，打拳是由腳根來引領的，是由腳而腿而腰，形於手指的，是一個互相貫穿的連結整體活動，是一動全身皆動的完整一氣的拳。

　　內家拳行拳是以根領身，以根領手，硬拳系統則是以手領身，因為手有拙力好使，而事實上，手是不好領身

的，因為局部力難以引動整體的重量。

　　身體的根有三盤，上、中、下，上盤的根在肩胛，中盤的根在腰胯，下盤的根在腳底。拳的體用必須這三盤的根互相貫穿，根根相連成為一體。

　　為何說這三盤的肩、胯、腳可以成為全身之三根？因為這三根是身體中最好的施力點與支撐點，也是內氣容易落沉匯聚集結的點，也符合槓桿力學的施力原則。

　　了解三盤的根在哪裡之後，並不代表已經尋著這個根；要尋這些根，必須透過實際的施行實踐，才能真正體驗。

　　雙手按住一個硬體，如牆壁或樹木等，由腳樁使暗勁，微微加力，把腳與地接觸的暗樁注入暗勁，令這股暗勁，透過腰胯，然後到達手掌，去感覺這三盤的根骨互相撐持，有上下二股暗勁的互爭，三個根盤節節貫穿，一處施力，餘處均會感覺被觸動，被互相感應。

　　手施力會感應到胯與腳，腳施力會感應到胯與手，胯施力會感應到手與腳，這就是全體感應，感應到了，就是尋著了根。

　　那麼，什麼是覓筋呢？從來未曾聽過是吧？筋又如何覓呢？

　　先來略談筋在內家拳的重要性，在談筋的重要性之前，首先當然要先明白什麼是筋。

　　筋就是就是附著於骨骼外層與肌肉中縱橫交錯的筋脈、筋經、筋膜與韌帶等等。筋是有彈性的，筋也有機動性，能瞬間爆發彈抖力，內家拳所有的內勁及內勁所引生

的諸勁用法，都是要藉筋的引領，而產生不可思議的驚人力道。

筋有大筋、小筋，以及很微細的筋經。你啃一隻雞腿，那條又韌又Q彈，很難咬斷、啃碎的就是大筋；人的後腳有一條大筋，如果被砍斷了這條「後腳筋」，就不能走路了。

內家拳說：「勁生於筋，力出於骨。」我們練內家拳，練太極拳就是在練這個筋。

筋，有彈性，能伸縮，能摺疊，有機動性及變化性，它有張力，有承載力，也有奔竄彈射力，練拳就是在練筋所展放出來的內勁能量。

有人說，內勁是一種肌肉力，這種說法不盡全對，因為肌肉裡面佈滿著無數微細縱橫的筋，只有這些筋充滿了氣場，或者說充滿了氣的元素質量，或者說這些筋布滿了氣所引生的電能，配合了肌肉及骨骼的力量，綜合而產生的力道，才能稱之為內勁。筋，在內家拳的技擊當中，發揮了致勝的奧妙契機。

練內家拳為什麼要伸筋拔骨，因為筋伸展開來，骨關節拉拔起來，透過內家拳的行功運氣，而令內氣產生騰然作用時，這個氣就會滲入筋骨裡面去，成為一種內勁能量，這也就是修煉內家拳功體的終極目標。

如何覓筋呢？是用感覺的。我們可以試著兩手握住一個固定的物體，然後身體往後往下移動落沉，這個時候，我們可以感覺到手臂整個筋的被拉扯伸張，還有胛背的橫筋、脊柱的直筋，以及兩腿的筋全部被拉扯到，並且會感

受到被扯開的筋，會有痠痠的感覺，甚至有麻麻的感覺，這個被感覺到的東西就是筋。

又譬如我們常做的劈腿拉筋動作，是最明顯的，這個筋被劈開是非常痠的，是令人難以忍受的，這個就是腿的筋。

又譬如兩隻手臂空空的提舉起來，輕鬆的不用一絲拙力，也會有一股沉落欲墜的感覺，這個落沉，會牽扯到筋，使得筋也被拉開，因為手是提舉的，所以筋被牽扯伸拉放長時，會有一股微痠的感覺，練拳就是要去尋找這個感覺，感覺到了，就是悟到了，若是沒有感覺，那麼，練的就是空拳，不能成就內勁功夫。

這種感覺，全身都有，因為全身各處皆佈滿了筋。譬如太極的左側挒，胯往左後側坐落，左腳落地生根，左右兩胯要撐開，使左右腿內側的筋互相拉扯，形成一個二爭力，這時的胯是往外開的，是兩股往外的二爭力，把腿內側的筋慢慢而極盡的伸拉，讓它痠著。這個痠的作用是極大的，因為筋被拉開，而且還承受著一股微力，所以才會感覺痠，在痠的當中，同時也有內氣的注入，內氣斂聚多了、久了，就會凝結成內勁。

在做這個左側挒動作的同時，腰脊會同步的牽扭擰轉，右臂內側的筋與左臂外側的筋，一併牽動。打拳是一動無有不動的，是一動全身皆動的，是牽一髮而動全身的，所以，盤拳打拳架是全身所有的筋與各個關節都同時同步的在牽扯互動的，是不可分離的，是連結在一塊的。

手如果有抓握固定的物體去拉筋，比較容易感覺筋

的存在位置；空手無物可藉時，就得應用二爭力原理去行使筋的運動，由腳的撐蹬二爭力、腰胯的二爭力、手臂的二爭力，以及全身所有互相對立的二爭力，來引動外曾空氣與身內的丹田氣所引生的互感阻力，有了這股阻力的產生，在行拳的牽動往復之中，在身手的來來去去當中，筋就會被牽扯、伸拉、與摺疊、碰撞，而激出氣的火花，使得內氣產生騰然效用，終而斂氣成勁，成就不可思議的內勁武功。

阻力就是助力，沒有阻力，就沒有伸拉筋，沒有阻力就沒有骨關節的拔開，沒有阻力就沒有內氣的注入筋骨，也就沒有內勁的成就可言。

覓筋的重點，在於找感覺，因為它是難以觸摸與顧視的，只能用「心」去感覺，用「心」去體會，打拳完全是依靠「心」去感受的。

俗話說：「筋長一寸，壽延十年。」我們在練拳當中，要藉著往復來回的動作，去牽扯伸拉筋骨，若能筋長一寸，壽延十年，那麼打拳的目的就達到了；還有，骨頭注入了氣，可使骨質堅實，預防骨質疏鬆，減少跌倒的機率。

在用法方面，是根與筋併用的，以推手而言，你兩手按在對手的身上，接觸到了著力點，也就是說，憑藉著聽勁，你聽到了對方的僵硬處，手的著力點瞬間透過胯部，直落於腳根，手與腳根相接，手就是腳，手腳一氣，腳根暗樁一打入地，摺疊的反作力已到手上，對方必定跌出。這是和上舉的以手按牆或樹等之道理是相同的。

在這中間，筋扮演了配合的角色，在發勁之時，若無筋與骨關節的伸拉展放之配合，絕對無法將人跌放於丈外之遠。

所以，筋若是沒有斂入聚集氣的內勁能量，是無法達到這個境界的。掤勁就是筋的作用，配合了腳根的彈性摺疊，這個掤勁才有承載力與張力，它之所以能將對手的強大勢力吞入腳底而化為烏有，完全是依靠筋的伸縮彈性與樁根的承載性，而發揮全體大用。

根與筋，台語都是同音，練拳要練到「一條根」與「一條筋」，意思是「完整的根」與「完整的筋」，要根根相扣，要筋筋相連，根與筋同為一氣，這樣的拳，才是拳，這樣的拳，才能用。

練拳要練「體」，也要練「用」，體用兼備才是拳，而根與筋在體用當中，都是兼具而並練的，都是不能分開與缺席的。

八卦掌的走步

　　坊間有人走八卦掌，腳提得高高的再落下去，一拐一拐，一跛一跛的，身子一起一落的，我把這個走法稱之為「歌仔式的小丑八卦掌」。

　　我們這個系統的八卦掌，稱為形意八卦掌，它脫胎於程派，由先輩張占魁先生傳下來。張占魁從師劉奇蘭學形意拳，後與程廷華學八卦掌，這個傳承，之後就稱之為「形意八卦掌」。

　　八卦掌各派都有淌泥步的練習，所謂「淌泥步」就是腳掌平行的在地面上滑行，離地面約一寸或兩寸或三寸不等的高度，這個是依各人的體材與習慣而練習的，並無定法。

　　八卦的走步，除了淌泥步之外，坊間常看到的有：

　　腳步往前移步時，刻意用力蹬了一下，左蹬一下右蹬一下，這個系統認為這樣可以練出蹬勁。蹬步是形意拳特有的練法，但形意的蹬步，是後腳蹬，是「消息全憑後腳蹬」的，讓身體前衝時去做攻擊的動作。這個用前腳蹬的，在八卦的練法當中，是比較少見的。

　　有一系統，腳前進的時候，腳尖刻意的往下插地，左插一下，右插一下，看起來就極不自然的，但是這種走法至今猶在，不知他們所持的理論為何？

有些走步，把腳往後勾起，仿傚雞或鶴的腳爪，而名之為雞行步或鶴行步，這只能成就腳爪的力量，少了輕靈的感覺。

還有一種走法，就是「歌仔小丑式」的，腳抬起來再往前落下去，走起來就是上下一晃一晃的，一跛一跛的。他們的理論是，足陷泥中，將腳拔起，再踏入，一步步的走，認為這樣會有一股往上拔勁的作用。

八卦掌的走步，在求沉穩而靈敏，走步要連續貫串，不使有凸凹處、斷續處、缺陷處。因此，插步、雞行步、鶴行步、前腳蹬步，以及歌仔小丑式的走法，個人覺得是比較會落於凸凹處、斷續處、缺陷處的。所以，走淌泥步是比較合乎八卦的精神與要領的。

淌泥步有摩脛之意，有探索之意，有如履薄冰之意，有小心專注之意，所以，淌泥步是具有內涵的步法，是可以出功夫的步法。在摩脛、探索、履冰、專注之中，使得丹田氣逐漸沉澱於腳底，入地生根，終而成就下盤功夫。

我在網路上曾發表一段論述：「八卦是走淌泥步，若腳抬起再落下，是歌仔戲走法，不堪稱八卦，也貶低了八卦。」

歌仔戲式的走步，是屢見不鮮的，南部的某一八卦掌協會，他們就是走歌仔戲式步法。

我這原本只是作一個個人的觀感見解，沒想到卻有「大師」跳出來回應：「蘇老師太武斷了吧？」

我說：「並無做人身評論，望勿對號入坐，大師可發表自己的高見。」

　　大師曰：「我沒有高見，只是或許蘇老師有所未見。」

　　我說：「何不述之，分享讀者，廣利拳友。」

　　大師曰：「這是個大題目，網路上我發表很多了，有興趣的朋友先參考我的走路功。」

　　我說：「尊重大師的發言與緘默。」

　　大師既然有話回應，卻不把自己的見解說個明白，而是叫人家去看他的「有所未見」的高見，豈不矛盾乎？

　　大師在網路發表了一個影片，謂之八卦盤龍手，走步翹著屁股，上身前傾 15 度。

　　有拳友留言回應：「不用收尾閭？」

　　師回：「首先確認尾閭是薦椎還是尾椎，然後是收到哪裡？力收還是形收，一個尾閭中正搞死多少人，研究一下中正之姿怎麼移動？」

　　拳友曰：「力收不是形亦跟著收嗎？」

　　師回：「未必。」

　　拳友曰：「尾閭中正，塌腰，如何才是正確？或許該從為什麼要這樣？或為什麼不該這樣的方向去探求？」

　　師回：「薦椎管脊椎和骨盆。所以薦椎正，二者皆正，骨盆線與脊椎線成直角即為正。」…… 大師的意思是說只要骨盆線與脊椎線成直角即為正，不管是前傾或後仰，或屁股翹的老高的。

　　還有，我前面所論說的「足陷泥中，將腳拔起，再踏入，一步步的走」等語，大師回曰：「上拔是抽胯的走法，有其特殊功能，也是祖師傳下來的。」

我說：「請述抽胯之特殊功能，哪個祖師傳下？分享拳友，謝謝。」

大師回：「自己去 google。」

不管大師的學問或武功多大，翹著屁股打拳，脊椎歪斜，久了脊椎骨就會出毛病，違反了生理與健康的原則。

還有，大師既然自己出來回應問題，在被反轉請教時，卻回答「自己去 google」，這樣的答覆顯然是不及格的，也是欠缺誠意的，無形中也顯露了自己「貢高我慢」心態。

大師的論點，考驗著讀者的判斷能力，這部分就留給拳友們去推敲吧。

• 形意的明勁，
是在意氣風發中呈顯剛氣與霸氣，
不是在使蠻拙的硬力、土力。

翹屁股與正尾閭

太極拳行功心解云：「立身須中正安舒，支撐八面。」太極拳十三式歌亦云：「尾閭中正神貫頂。」由此可見，立身中正與尾閭中正是打任何拳架所必須遵守的規矩與要領。

尾閭中正，丹田氣才能由尾椎循背後的督脈順暢的往上流行，然後由任脈往下走，復歸於丹田，或再下行於腳底湧泉，而行周天的循環，打通全身的氣血，達到健康的效果。

太極拳經云：「十三式者，掤、捋、擠、按、採、挒、肘、靠，此八卦也；進步、退步、左顧、右盼、中定，此五行也。」

所謂中定，顧名思義就是中正穩定之意，也就是立身中正安舒，支撐八面的意思，能中定、能中正穩定，就能支撐八面，穩固如山，而變化虛實，而忽隱忽現，而「因敵變化示神奇」，而「英雄所向無敵」。

拳法無定法，有時候是會有所變通，譬如拳架中的「栽捶」與「斜飛」等等，身體就要前傾或斜傾的，就要往前或往側，斜斜的，但這只是一個過度時期，不是永遠或長久的傾斜在那邊的，這種「前斜中正」與「側斜中正」是被允許的，因為配合招法或用法的需要，有必要這

樣的要求，只要能隨時取得平衡點，能夠支撐八面，立於不敗之地，即謂之「中定」矣。

但是打拳不能老翹著屁股打，不能老是前傾的打，因為這樣會傷害尾椎，傷害脊骨，而且會阻礙氣血的流行與暢通。

網路路上有某「大師」播放了他打拳的影片，屁股翹翹的，上身前傾。

有拳友留言回應：「不用收尾閭嗎？」

大師回：「首先要確認尾閭是薦椎還是尾椎？然後是收到哪裡？力收還是形收，一個尾閭中正搞死多少人？研究一下中正之姿怎麼移動？」

……「薦椎管脊椎和骨盆，所以薦椎正，二者皆正，骨盆線與脊椎線成直角即為正。」

大師的意思是說，不管身體如何前傾，或屁股翹的老高的，只要骨盆線與脊椎線成直角即為正。

我前面說過，身體前傾的「斜中正」，並非為過，它並不是一個過失，但它只是一個過渡時期，不是永遠或長久的傾斜在那邊的；如果，永遠或長久的傾斜在那邊，整套拳都翹著屁股打，那麼，這就是「病」，就違反「立身中正安舒，支撐八面」的拳理，也違悖了「尾閭中正神貫頂」與「中定」的拳論要旨。

不管大師的學問多大，或武功多高，翹著屁股打拳，脊椎歪斜，久了脊椎骨就會出毛病，違反了生理與健康的原則；若是經人指正，而不能虛心領受，還要強辯「薦椎管脊椎和骨盆，所以薦椎正，二者皆正，骨盆線與脊椎

線成直角即為正。」以及「一個尾閭中正搞死多少人」等語，這樣似乎是有違「大師」風格與風采。

　　我之所以寫這篇文章，並不是在評論大師或凸臭大師，也沒有做人身的批評，所以隱去大師名姓，純是就事論事，就拳論理，還望大師海涵、莫怪。

　　身為練武之人，若見人過，而不肯勇於出面辨正者，是為鄉愿之人，是為無勇氣之人也，是為懦弱之人。

- 形意拳善用截勁，你一拳打過來，
  我不招不架，就是一下，直截而進，
  所以，人說形意是霸氣的拳。
- 也唯有功夫有成者，才能呈顯這個霸氣。

第六十四章

氣　囊

丹田是一個小氣囊，身體是一個大氣囊；丹田如同一部主機，負責運送。

形意名家說：「氣要薰入五臟六腑。」如何薰？由小氣囊將氣打到大氣囊，再由大氣囊去作壓縮、驅策、運輸等機制，使氣血運達周身。

這樣就能達到健康的目的；練內家拳者運用這個機制，而成就了內勁功體，發揮了技擊功能。

佛家說：「身體是一個臭皮囊。」生命只是暫住於這個臭皮囊。但是這個臭皮囊，能讓我們有意識，能思考及做各種活動，讓我們能練拳，成就功夫，所以活著的時候要善待這個臭皮囊。

以「臭皮囊」這個「辭」，來比對上舉的論說，而說丹田是一個小氣囊，身體是一個大氣囊，似乎也是順理成章，似乎也是言之成理。

僅提供拙見，祈願方家指正。

透過這個管道，作拋磚引玉，盼能引出更多的佳論，廣利拳友。

文無第一，武無第二

形意明家李存義先生說：「夫習拳藝，對己者十之七八；對人者，十之二三耳。」

與人拳腳相見，不管勝負，皆非好事；有武功卻不使用於鬥爭，才是武者風格。見人好就嫉妒，拳就白練了。李存義說的「十之二三」，指的是正常的切磋，而不是挑撥式的挑戰。

有人學拳，把它當成是一種修心養性的管道；有人卻把它當成賣弄與欺人的本錢，仗武而凌人。

俗話常說「文無第一，武無第二」，練武的人，總是覺得自己是第一，誰也不服誰，於是切磋、挑戰的事情就層出不窮，武術界的亂象，時有所聞。

「文無第一」是說文人通常都比較謙虛，不敢自誇文章第一，不會認為自己文章最好，所以說「文無第一」。又文人作文章各有千秋，難以分高下，所以說「文無第一」。

事實上，「文無第一」的真正意思是告訴我們，求學問要懂得謙虛，學問是無止境的，不可滿足現狀，要百尺竿頭，更進一步。

「武無第二」，因練武的人比較好動，比較愛逞一時之勇，因此有人就會好勇鬥狠。練武的人都認為自己最

好、最厲害,從不肯認輸,故謂「武無第二」。

事實上「武無第二」的意思是說,練武的目的是保家衛國,是種備戰、防備的保護措施,是警示人家要居安思危,要防患未然,不可貪圖安逸之意。

今人卻把「武無第二」誤會成武藝之爭,不能位居第二,也就是要爭第一,也為了爭第一,而四處去找人踢館,找人挑戰,而美其名謂「切磋」。

2016 年 2 月 16 日台灣武術界發生一件大新聞,台北某里長,被稱之為朱元璋後代的朱某,他所經營的武道館發生血腥鬥毆事件,切磋變鬥毆,濺血斷腳筋,轟動一時。

練武需要這樣嗎?這都是為了爭第一,為了武術地位的虛榮,而不惜犯法殺人,也因此而使得武術界留下一個污點,成為一個遺憾。

爭勝是練武者的一大缺點,另一種就是嫉妒心,見不得人家比自己好,看到別人比自己出名有成就,就「目糠赤」,內心就隱生一股怨恨、嫌惡、憤怒等等情緒,他不能容忍別人超勝自己,他憤慨別人所努力得來的地位與名聲,所以在自己的內心潛意識裡,就埋藏著很巨大的怨惱,這股怨氣,只要一點點星火就能燎原引爆,不可收拾。

程度較淺的嫉妒心,他會間接的跟你打對台,處處跟你唱反調,隨機挑剔、誣指、起謠等等。

嫉妒心較強烈,他就在人前直接攻擊你,讓你下不了台;或者處心積慮的用盡各種管道伎倆來打壓抵制你,來

毀壞你的名譽。

　　正常的心態，應當是，化嫉妒心為力量，自勵自強，自己奮發向上，把嫉妒心轉化為另一股動力，努力不懈，迎頭趕上，這才是武者的風範。

- 雙手抱圓是一個球，兩胯撐圓是一個球；
  兩手抱的是無形的球，兩胯抱的是丹田氣球。
- 站到這兩個球，有實質沉重垂落的感覺。
- 把這個沉，引到腳底，謂之落樁。
- 有這個感覺，站樁才有效果。

第六十六章

背　叛

　　何謂「背叛」，得了師傅的功夫而不實踐，是為「背」；得了師傅的功夫而隱瞞功夫的來源，不向人表示師承，是為「叛」。

　　「背叛」也就是「欺師滅祖」之意。古時江湖上「欺師滅祖」的故事，時有所聞，今時亦然，屢見不鮮。

　　為什麼會如此呢？這無非是自己的虛榮心在作祟，要向人表示這功夫是自己學來的，是自己悟出來的，是自己創造出來的，以示自己的偉大不掉，以示自己的高明精煉。

　　坊間有人學拳，並不拜師，這邊撿一點，那邊偷一點，然後胡亂的搓合，就向人家明示這是自學自悟的功夫。

　　有人已經正式拜師，後來反悔，而公開聲稱從未拜師，因為他們自認功夫已經比師傅好。

　　南部某師收錄了兩個入門弟子，一個後來自認功夫超勝於老師，因此在網路上公開否認拜師這碼事。另一個後來也闖出了名堂，據說在日本教形意拳，很出名的，但他得了師傅的功夫，而隱瞞功夫的來源，不向人正面表示師承，這就是名副其實的「叛」，他雖沒有正面的背叛師傅，但卻隱瞞師承，內心陰詐，這就是「叛」。

自立宗門，是一種極度的虛榮心，也算是一中背叛。

學拳練功夫，要懂得感恩，即使有一天功夫真的已經超勝了師傅，更要心存感激與尊敬，若是沒有師傅的引領與教導，哪會有今日功夫的成就呢！

縱使有些功夫是自己認真修煉而悟出來的，縱使功夫真的已經勝過師傅，已經「青出於籃」而更勝於籃，師傅的恩情永遠是不可抹滅與或忘的。否則即使功夫多麼厲害，失去了武品，落失了人格，那麼武功再好，又有何用呢？

練武，是在練心，在修養心性；名聞利養都是暫時的，都將成為過眼雲煙，只有留下武德，才會被後人追思、緬懷。

- 心中有拳，拳意處處，俯拾皆是。
- 靈感一閃，鍵盤一觸，文章一束。
- 如泉湧，無盡處。

第六十七章

「掤」的代名詞是「酸」

　　盤架子，手肢捧提起來，以及在牽動往來當中，筋骨若有伸展拉拔開來，筋就會有一股痠痠的感覺，包括骨關節、筋膜、韌帶等等，這樣內氣才能注入；如果沒有這個感覺，不管你是多麼的鬆，也是「頑鬆」，不能成就掤勁，也無功夫可言。

　　掤，事實上它是一個承載力，你手提舉起來，捧吊著一斤的重物，因為手的筋有承載力，所以可以把這一斤的重物提在空中而不墜落，也因為筋的承載力道，而引生筋的微痠之感。

　　若是提舉之物越重，那麼痠的感覺也就越大，因為要有更大的承載力來承擔這個重量。

　　我們練拳盤架子，兩手是空的，不會提著重物打拳，但是手伸展出去，是要拉筋拔膜的，筋膜韌帶等有了伸拔，等於是筋承載著骨肉的重量，因此也會有痠緊的感覺；若是沒有這個痠而緊致的感覺，肯定是用了拙力去提舉手臂，這就像平常人舉手抓癢，一點手痠的感覺都沒有的。

　　「頑鬆」式的空，也不會有痠的感覺，因為已經鬆到空空無物，過份的主張鬆，而鬆到空空如也；這樣的鬆，這樣的空，是一種空幻，只是一種意識上空洞無實感的

鬆，脫離了現實面，與現實脫節，是一種幻想主義的「頑鬆」，也是一種「頑空」。

頑，是頑固，冥頑不靈，思想固執在「人云亦云」的框框中，自己沒有主意，沒有定見，只是聽人家說，練拳要鬆、要鬆、要鬆，因此就胡里胡塗的附和人家，也跟著大聲喊叫，要鬆、要鬆、要鬆，鬆到老，功夫一點也沒出來，這冤不冤枉呀？

一個練家子打拳，手鬆空的捧提起來，因為氣沉的緣故，也因為氣沉是一種質量的緣故，所以手越鬆柔的捧提起來，內氣的質量就越沉越重，氣的質量越沉越重會引生筋的垂吊伸拔，把痠的感覺帶領出來。

看一個好手打拳，在鬆中有氣的質感，有一股氣沉的氣韻，不是空空無物的，不是頑鬆式的空中樓閣。

- 人的心是浮動散漫的，不易安靜，
  氣也就很難凝聚匯集，
  練拳時，要都攝六根，制心一處。
- 制心於何處？
  丹田是我們聚集內氣的寶地，
  把心思意念安守於丹田，
  照顧好氣，氣就不會散亂，
  心也就能夠慢慢地安靜下來。

第六十八章

塵　埃

神秀大師說：
「身是菩提樹，
心如明鏡台，
時時勤拂拭，
莫使惹塵埃。」
什麼是塵埃？
名聞利養是塵埃
自讚毀他是塵埃
虛榮虛偽是塵埃
嫉人之好是塵埃
冒人名號是塵埃
貪瞋慢疑是塵埃
如是塵埃，當時時勤拂拭。
拳無拳，意無意，心胸坦蕩，練神還虛。
練拳當如是，何處惹塵埃？

第六十九章

八卦掌在練些甚麼？

八卦掌在練些甚麼？

在練一個轉掌與擺扣走步，還有腰身的擰勁。

一、轉　掌

會轉掌就會擰腕，會擰腕就會折肘，會折肘就會疊肩，而鬆腰轉胯，而曲膝落踝，而終究其根在腳；反向而推，還是由腳而腿而腰，形於手掌。

轉掌的要領，要由腳根帶動，要從腰腿先轉起，然後在由肩，而肘，而腕，再轉到手掌。

手掌的轉動，要含著掤勁，整隻手臂的「一條筋」要拉拔著，使這些筋脈、韌帶等等組織都要有痠痠的感覺，有被伸展放長的感覺，每個單掌的擰轉，都要有二爭力及阻力，這樣擰勁才能被帶出來。

在沒有轉掌的時候，也需要立掌、坐腕，這樣整個手掌及腕部，才有一個根，才有一個底座；只有立掌坐腕，筋脈及腕關節才能被拉開，才能注入內氣，而成就手的擰勁、掤勁，及纏繞黏隨之內勁。

二、擺扣走步

八卦掌的特點就是走步，要求步法的輕靈與沉穩。八

卦掌的靈敏在於擺扣換步，也因步法擺扣換步，而變化身形的方向與角度。

八卦掌在技擊的用法是避正打斜，然而要避正打斜，就是要透過步法的擺扣，迅速的轉身到敵人的身側或身後。

我們這一支八卦掌，是由張占魁先輩傳下來的；張占魁師承劉奇蘭學形意拳，後隨董海川之弟子程廷華學八卦，因此我們這個派別就稱之為形意八卦掌。

八卦掌的走步，因傳承的關係與演變，所以至今八卦的走步，有雞行步或稱為鶴行步，在走步時仿傚雞或鶴的抓爪。

有一種走步，是足尖向前插；有一種走步是足掌向前踢蹬；有一種走步是腳提得高高的再下去，而謂之抽胯，等等。

我們這個門派，傳到我們這一代，老師教的是淌泥步。

所謂「淌泥步」就是腳掌平行的在地面上滑行，離地面約一寸或兩寸不等的高度，這個腳掌的高度是隨著每個人的習慣身材而練習的，並無特定的尺寸。

八卦掌的走步，本來就是在求靈活的，所以走步是要很輕靈活潑的，而且要綿綿不斷，不能有停頓、斷續與呆滯。

因此，插步、雞行步、鶴行步、蹬步，以及歌仔式的走法，個人覺得是比較會落於有停頓、斷續與呆滯等等缺陷的。所以，走淌泥步，個人認為是比較合乎八卦的精神

與要領的。

淌泥步有摩脛之意，有探索之意，有專注之意，有如履薄冰之意，有如臨深淵之意，所以，淌泥步是具有內涵的步法，在摩脛、探索、履冰、臨淵、專注之中，使得丹田氣逐漸沉澱於腳底，入地生根，終而成就下盤功夫，是一種可以出功夫的步法。

三、腰身的擰勁

八卦掌在練走步之前，要先練一個樁法，就是獨立樁，單腳站立；如果是左腳站立時，右腳要往左前方抬起，高度與小腹齊，腳尖往下微壓，小腿有外撐之力，這樣才能練出腳的搠勁。腰胯要往右擰轉，與右腳形成一個二爭力，如此，腰胯的擰勁才能生出來；擰勁有了，腰胯就有了彈性，也為往後的彈抖勁，立下一個基礎。

八卦的獨立樁與一般的金雞獨立是有別的，主要的是它要擰腰，要單腳站立又要擰腰，所以初練這個八卦的獨立樁，是很辛苦的，可能站不到半分鐘就會倒下來，或者搖搖晃晃，或者腳發抖，這些都是正常現象，但是不要灰心，要繼續的站，慢慢的，當丹田氣能沉澱下來，沉落到腳底，這個獨立基座就會慢慢的穩固。

獨立樁成就以後，再練走步，走淌泥步，落著腰胯，平步而形，力求身軀中正安舒，腳不要抬高，好像在泥巴上漫步一般；用腳底的根勁拖曳著腰胯及上半身來走步，這就好像車的輪子牽動著車身一般，輪子動轉，車身就被拖曳而行，車輪與車身是黏在一起的，是連帶而動的。

　　所以，在練淌泥走步時，要去感覺腳根拖曳腰胯的落沉感，若是沒有這個落沉感，若是像平常走路時的空空無感，那麼，這個走步是無作用的，走的是空腳拳，不能成就八卦功夫。

　　走步的時候，也是要求手臂與腰胯的二爭力撐勁，全身都要撐，腳腿撐，腰胯撐，脊骨撐，手臂撐，全身所連結的「一條筋」都在撐。

　　撐，撐，撐，撐久了，內氣斂入了，撐勁出來了，連帶的掤勁、纏勁等等一併成就。

- 形意暗勁的練習，
  比太極更太極，
  更要求靜慢鬆沉勻整貫串，
  但知道練暗勁方法的人不多，
  多練成不明不暗，功夫不易成就。

破邪顯正

　　我為什麼偶爾會在網路上拈提一干「名師」關於練拳的一些錯謬論述，而加以辨正呢？我出的書，我寫的文章，也會有這些舉措。

　　很多拳友都勸我說：「他說他的，你練你的，何必評論孰是孰非，誰對誰錯呢？」

　　話雖如此，然而拳界若是缺少大勇者的挺身而出，來駁斥這些偽師、邪師，那麼這些偽師、邪師就會更明目張膽的、肆無忌憚的在網路上為所欲為，藉此而招徠學生，詐騙大眾，行騙財與沽名釣譽。

　　更甚者，因錯謬的言論會影響練拳者走入歧路，走向不歸路，至而影響大眾一同邁向邪坑，求出無期。

　　玄奘菩薩說：「若不破邪，無以顯正。」所以走遍十八國，設無遮大會，廣破外道。

　　世尊踵隨六師外道後面，於各大城，一一破斥六師外道，原因無他，乃藉此而讓聽聞者，能瞭解真正的佛法與外道法的區別，由此而建立正知正見，挽救眾生的法身慧命，修行正確的菩薩道，而成就正果。

　　世尊貴為三界導師，為什麼要與這些粗淺的外道一般見識呢？這是大慈悲心，憐憫眾生，怕眾生被誤導。

　　錯誤的知見，會影響人的一生，一人影響百人，百人影響千萬人，所以言論是可怕的，比野獸噬人更可怕，你肉身失去了，尚有來生，但是知見錯謬，它會深植在我們的第八識如來藏裡面，就好像永遠的被儲藏在電腦一般，除非遇到大智者、大慈悲者，他肯來挽救眾生，肯出來破邪顯正。

　　有關一干偽師錯謬的拳論，有發現的部分已在我出版的書中作拈提，不再贅述。至於影音播放的部分，我曾看到某一系統在打拳發勁的時候，是根盤升起時出勁，所以就在我們的社團發表一則自己的看法，說出形意的發勁，在我們的練法中，是腳樁打樁入地的同時就要發勁的，這樣發勁的爆破效果比較貼切，如果在身體上升時再出勁，因為根勁已失，發勁的效果可能會被消減。

　　這則發言引起了某師的誤會與憤怒，在網路上指名道姓的指責我，說我是在評論他，他顯然是自己心裡有鬼，自己對號入座，還來怪我。

　　然而即使這樣，對於這則論述，我的見解還是保持「發勁要在打樁入地的同時就要出勁」，而不是在身體升起時出勁。

　　我持的道理是拳經所說的「其根在腳」，既然是「其根在腳」當然是指腳的入樁入地而言，若身體升起，腳的入地力道已脫離地面，已無力可借，無樁可入，也沒有打樁時同步所引生的摺疊勁，所以兩相比較，孰屬正確，智者當可立判。

　　還有，我們可以作一個譬喻，一輛卡車撞上一個物

件，剛撞著的那一剎那，撞擊力是最大的，餘則逐漸減少；卡車這個「撞」，就是我們所謂的「打樁」。

　　我非菩薩，我非佛，沒有菩薩與佛的大智慧，我的辨正完全根據拳經、拳論與行功心解的立論而作論辯。若有人違背經論，引人走向歧路，知者明知論述有謬，卻不敢勇於出面指正，是為怯懦者，是為鄉愿者，是為無勇者，是為沒有菩薩心者。

- 行功心解所謂的「收斂入骨」，
  這個收斂是指慢慢薰入之意，是久薰之意，
  一點一滴的薰入筋骨之內，成就內勁能量。
- 為什麼太極十年不出門？
  因為這個內勁功體，
  非得十年的累聚，不能成就。

國家圖書館出版品預行編目資料

談拳論功夫／蘇峰珍 著
－初版－臺北市，大展，2019〔民108.03〕
面；21公分－（武學釋典；35）
ISBN 978-986-346-239-2（平裝）

1. 太極拳

528.972　　　　　　　　　　　107023890

談拳論功夫

著　　者／蘇　峰　珍

責任編輯／愛　力　克

發 行 人／蔡　森　明

出 版 者／大展出版社有限公司

社　　址／台北市北投區（石牌）致遠一路2段12巷1號

電　　話／(02) 28236031・28236033・28233123

傳　　真／(02) 28272069

郵政劃撥／01669551

網　　址／www.dah-jaan.com.tw

E-mail／service@dah-jaan.com.tw

登 記 證／局版臺業字第2171號

承 印 者／傳興印刷有限公司

裝　　訂／眾友企業公司

排 版 者／千兵企業有限公司

初版1刷／2019年（民108）3 月

定　價／380 元

大展好書　好書大展
品嘗好書　冠群可期

大展好書　好書大展

品嘗好書　冠群可期